捏造と反日の館 〝ウポポイ〟を斬る

的場光昭

展転社

はじめに

この本を読み始める皆さんに、まず知っておいてほしい事実があります。

それは、国立アイヌ民族博物館長をはじめとするウポポイ職員に一斉送信された電子メールの内容です。情報提供者が特定できない範囲で、以下に紹介します。

重要ポストにある、もしくは責任重大と思われる職員はメールアドレスと電話番号は伏せますが、あえて実名で紹介します。

谷地田未緒 MioYachita
差出人：谷地田未緒 MioYatita< ○○○ @nam.go.jp>
送信日時：２０２０年8月8日土曜日 9：01
宛先：'TAMURA MASATO'; 中○○○；小○○○；カ○○○；シ○○○；マークジョンウィンチェスター；……；佐々木史郎（館長）；……；霜村紀子（資料情報室長）；……；南健一（副館長）；……；藪中剛司（研究学芸部長）；……
RE：【重要】8／8—9　チャンネル桜への対応について
※部外秘※ヘイトスピーチ対応マニュアル簡易版 final-3.pdf

送信宛先冒頭のTAMURA MASATOは田村将人（展示企画室長）です。館長以下主事や学芸員・研究員まで人数と氏名は把握していますが、紙幅の関係で特に責任の重い人物のみを、送信メールと同じ順番で示しました。

次に内容に入ります。話をわかりやすくするために、送信時間が前後するものもあります。

皆様

田村室長から本日のチャンネル桜の対応連絡が来ていますが、万が一遭遇してしまった場合、あるいは明日以降の対応として、田村室長承認の対応を共有します。

また、先日マークさんからブリーフィングのあったヘイトスピーチ対応マニュアルを念のため再添付します。アップデートが間に合っていないところもありますが、3ページ目の対応方法や、質問への答え方等、再度ご確認いただけましたら幸いです。

この文章から、田村室長とマークウィンチェスター（身分はアソシエイトフェロー）が影響力を持っていることがわかります。

マーク氏は令和二（二〇二〇）年一月十日午後九時七分に、自らTwitter上で「I am しばき隊」と宣言していた人物です。〝しばき隊〟は後に名前をC.R.A.C.（Counter-Racist Action Collective、対レイシスト行動集団）に変え、内部リンチ事件が明らかになり問題化した反日組織です。また、氏は早くから香山リカ氏やアンティファ（ANTIFA：反ファシストを標榜して支持を集めているが、前身は毛沢東主義のドイツ共産主義同盟）とも連携して行動していることが、香山リカ氏の平成二十八（二〇一六）年五月二十九日午後五時五十一分に配信されたTwitterで明らかになっています。

田村室長とはどういう人物かといいますと、後ほどこの事件の中心人物だということがわかりますのでそれまでお待ちください。

――展示室で「誰々（館長、スタッフ等）はいるか」、「誰々を出せ」というようなことを言われた場合の対応

↓一般職員の名前だった場合、「私は知りません」「私にはちょっとわかりません」「私はただの解説員なのでスタッフのことはわかりません」等と返答。（実際に知り合いである場合、執拗な場合等は、居るか居ないかは告げず「確認します」と答えて室長以上へ連絡）

＊過去あいちトリエンナーレの電凸では、責任のない立場である（アルバイトとか、言われてやっているとか）ことを伝えると興味を失うという傾向があるようです。詭弁も、「知らない」ふりをするのも手です。

これはすごい内容を含んでいます。安倍首相（当時）の写真や昭和天皇の御真影、さらに

は愛子内親王のお写真を焼いて「芸術だ、表現の自由だ」とうそぶく〝あいちトリエンナーレ〟のスタッフとウポポイ幹部が密接な関係で情報交換していることがわかります。

令和元（二〇一九）年十一月二十六日、国際芸術祭と銘打って行われた〝あいちトリエンナーレ2019〟は、そのあまりにもひどい内容で一時中止に追い込まれましたが、同年十二月二十一日に札幌市で〝北海道・表現の不自由展・2019〟（共同代表：マルクス主義者の北海道大学名誉教授唐渡興宣氏、札幌アイヌ協会の石井ポンペ氏、在日朝鮮人のチョウキム・シガン氏）が行われ、やはり同様のビデオが公開され、慰安婦少女像のミニチュアまで展示されていました。それだけではありません、会場の札幌市教育文化会館で開かれた開会式には石井ポンペ氏がチマチョゴリを着た二人の朝鮮人女性に酒を注がせてカムイノミを行うという、どう見ても反日組織の祭典としか言いようのない催しでした。税金で運営される国立施設の幹部が、こうした反日行動を公然と行う組織と密接に連絡を取り合っていることは大問題であり、一刻もはやく関係者を処分すべきだと考えます。

8月8日、9日にチャンネル桜の取材が来ます。今回は北海道の人間ではなく、東京から代表以下が来るようです。
また、議員、来場者、来館者へのインタビューも試みる可能性あります。さらに、博物館内ではビデオ撮影は禁止されていますが、強行しようとする可能性もあります。

トラブルの元を絶つために、この当日は次の事項をお願いします。
・言いがかりをつけてくる可能性もありますので、警備の強化をお願いします。
・対応に苦慮する場合はトランシーバーで応援要請をすることにしますので、その際は警備の方の立ち合いもお願いできないでしょうか。
・取材、インタビューの依頼があっても、絶対に応じないでください。
・動画を回しているひとがいたら、即座にやめさせるように声がけをしてください。

さて、いよいよ田村将人展示企画室長のお出ましです。アイヌ名のコッフナラは「跡を探す」という意味だそうですが、これだけ不味い跡を残しては名前が泣くのではないでしょうか。ちなみに、ウポポイには二名の室長がいるようで、もう一人が〝アイヌに都合の悪い文献は出さない〟と言っていた、霜村紀子資料情報室長です。SNSで批判されたためか、この発言が確認できる令和二（二〇二〇）年七月三十一日まで公開されていた北海道大学文学部の『学芸員リカレントプログラム講義4―4「調査研究と展示」8／26』の当該記事は削除されて、現在は見ることができなくなっています。国立大学で学問として講義された内容が、後になって自分たちに都合が悪いとわかると削除することは大きな問題です。

送信内容を一部省略します。

当初、ウポポイ職員への取材を申し込んでいましたが業務多忙を理由にすべて断っています。

また、今回はとくに博物館の取材に力を入れるという情報もあります。

つきまして、館長、副館長、部長、事業課長と協議の末、次のような態勢をとります。

（フクシエンタープライズ古谷さんも了承済）


この送信前の文の内容からこの対応は田村将人室長が主導して、館長、副館長、部長、事業課長の幹部が了承したものと思われます。フクシエンタープライズは展示室監視などを請け負っている外部業者です。

基本方針として
・取材に応じない
・（その場で）質問に答えない
1．桜チャンネル取材グループが入園（5番ゲート）するときに広報の西條さんに連絡が入る。それを石澤課長が受け、研究交流室ほかに知らせる。
2．その時点で、展示室はりつき要員の研究員・学芸員・AF・EDはすべて調査研究室に戻る。代わりに室長以上がハンテン着用で展示室監視（フクシエンタープライズ職員のふりをして、どの来館者からの質問にも一切答えない）。

3．〈省略〉

4．「専門家を呼べ」となったときには本日は不在であると回答する。

5．〈省略〉

以上です。田村将人（コッフナラ）拝

さて、いよいよ問題のチャンネル桜対応マニュアルです。石澤課長とは、石澤博隆事業課長です。真っ先に連絡される研究交流室には藪中剛司研究学芸部長、霜村紀子資料情報室長、田村将人展示企画室長が詰めています。

ＡＦというのはアソシエイトフェロー、ＥＤはエデュケーターの略称です。こうした人たちを調査研究室に引き上げさせて、室長以上が監視員として外部のフクシエンタープライズから派遣されている人たちのハンテンを借り受けて、監視員のふりするという指示が、館長以下幹部職員同意のもとで出されているのには驚きです。後ほど触れますが、これは財団法人日本博物館協会が出している「博物館関係者の行動規範」に明らかに違反しています。

以上がウポポイ内部に一斉送信された〝チャンネル桜取材対応マニュアル〟です。こういう人たちによって運営されているのが、二百億円という巨費を投じて作られた国立アイヌ民族博物館とその関連施設ウポポイだということを最初にお知らせしてから話を進めることにします。

捏造と反日の館〝ウポポイ〟を斬る◎目次

装幀　古村奈々 + Zapping Studio

第一章　捏造の先住民族、アイヌ！

〝アイヌ先住民族〟がいかに捏造されたかについて簡単におさらいします。

国連宣言にみる先住民族

平成十九（二〇〇七）年に採択された「先住民族の権利に関する国際連合宣言」（以下 国連宣言）とはいったいどういうものなのでしょうか。私は公開された英文を翻訳して、所属していた発言者塾の主宰である西部邁先生にお送りしました。非常に長い文節がダラダラ続く文言を西部先生にお読みいただいても恥ずかしくない日本語に翻訳するのに苦労したものです。

結局、国連宣言において先住民族の明確な定義はなされておりません。宣言があげる先住民族の権利の内容のいくつかから推し量ると、概ね次のような条件を満たしたものが国連宣言にいうところの〝先住民族〟ということになります。

①他民族の侵略により植民地化された地域に元々住んでいて人権や基本的自由を剥奪されてきた人々。
②独自の政治的・経済的および社会的構造を有し、哲学的精神的伝統や歴史を有する人々。
③尊重されるべき独自の伝統的習慣や知識文化を有する人々。
④侵略者によって集団的虐殺や子供の親からの引き離しを受けた人々。
⑤侵略者によって民族根絶政策を受けた人々。

⑥侵略者によって文化的虐殺をされた人々。
⑦独自の言語を使用する人々。
⑧侵略者の建てた国家に差別されてきた人々。
⑨大航海時代以後白人によって土地を奪われ、迫害を蒙った人々。

アイヌを先住民族にしようとする熱心なアイヌ協会御用学者たちは、この国連宣言にアイヌをねじ込むために様々な捏造本や冊子を出しています。歴史に関してどのような捏造改竄《かいざん》がなされているか、その最も顕著なものをいくつか紹介します。

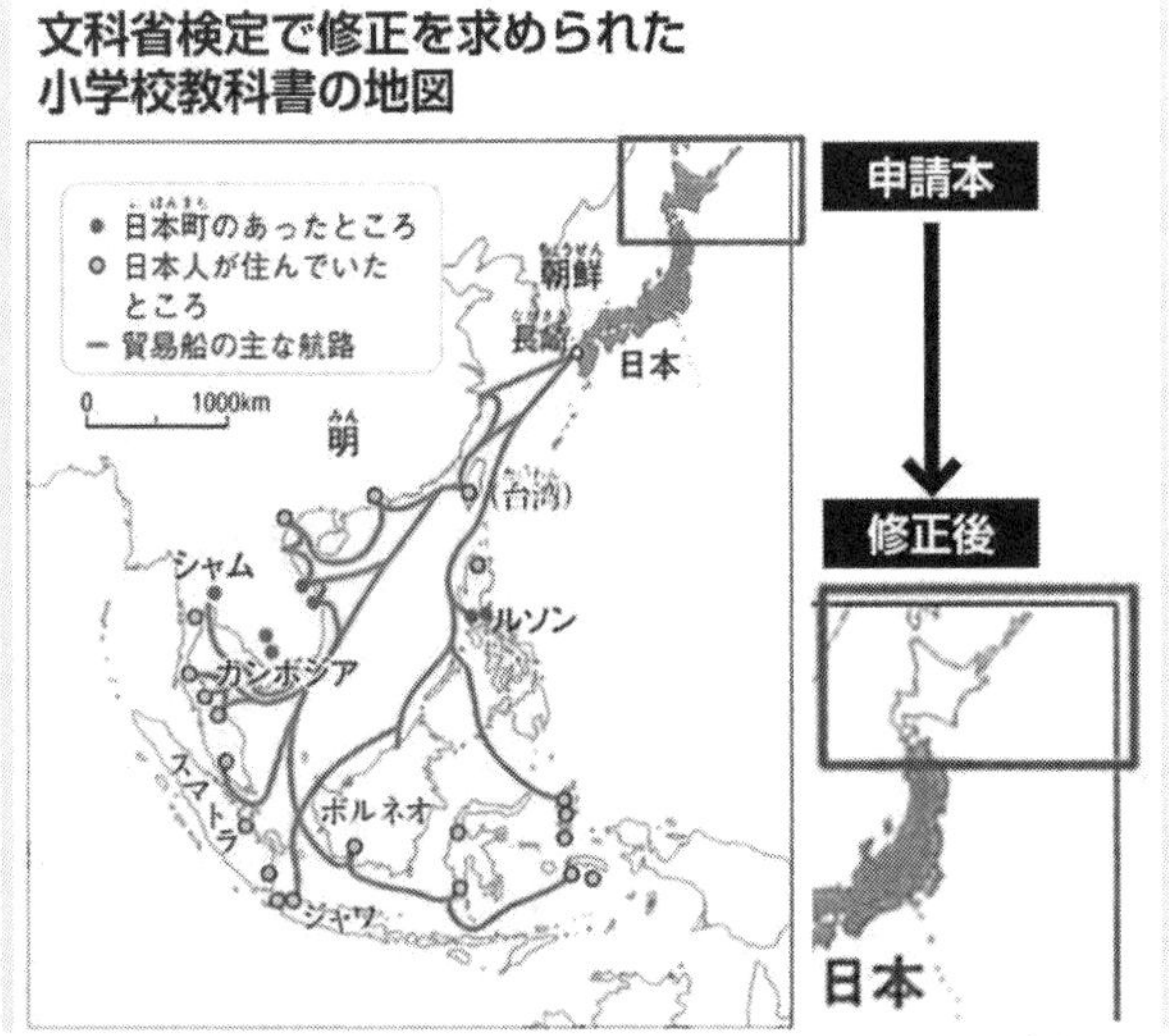

図１　東京書籍歴史教科書に対する文科省検定（産経新聞）

①令和元（二〇一九）年、文部科学省は小学校歴史教科書検定で東京書籍に対して、江戸時代初期には北海道に日本人が住んでいなかったと書き換えさせ、その教科書が現在教材として使われていることを私は確認しています（図1）。北海道

には江戸期以前に少なくとも十二館が建設され多くの和人が住んでいました。函館の船魂神社は一一三五年にすでにあったのですから、明らかにこれは間違いです。記録にあるだけでも一二〇五年に千人規模、さらに江戸幕府成立直後の一六一九・一六二〇両年に合計八万人（アイヌ人口の四倍）の和人が金山めがけて渡っています。しかも、その二十三年後には和人男とアイヌ女の間にできた青年がオランダ人の水先案内人を務めているという記録すらあるのです（詳しくは拙著『科学的〝アイヌ先住民族〟否定論』を参照）。さらに千歳の末広遺跡では一六〇〇年ころとされる女性の仏教式埋葬墓が確認されておりこの時期すでに和人男女が千歳に居住し、仏教を信仰していたことがわかっています。

②アイヌは自然と共存し平和に暮らす民族であった、と盛んに宣伝していますが、交易のためにワシ・ラッコ・オットセイ・エゾシカ・サケなどを乱獲し、一部はほとんど絶滅に追い込んでしまいました。道東のアイヌはウルップ島に渡り、年間三千頭のラッコを乱獲し、当時すでにラッコは稀少となり一頭が五十俵の米と交換されていたといいます。天明六（一七八六）年『蝦夷拾遺』（佐藤玄六郎、国立国会図書館デジタルコレクション）に、「臘虎《ラッコ》ハ火ヲ恐レ人家有ル所ニ不居《おらず》　蝦夷人年々ウルツフ島へ行テ獵《りょう》シ來《きた》リ肉ハ食シ皮ヲ賣《うり》出ス　冣《もっとも》乏シ」（ルビ筆者）と記載があり、昭和初期にはすでに禁猟となっていましたが、逮捕者の白状した密売価格が一頭五百円ということでした。当時の土木作業員は十時間労働で日当は一円といいますから、今に換算すると五百万円ほどでしょう。

③アイヌ社会には酋長とその一族以外には厳然とした身分差別（半奴隷制度）があり、ウタレ（男の奴隷）、チハンケマチ（妾）と呼ばれる身分の低い者は大陸や樺太の異民族との交易では商品として絹や犬などと交換されていたことを、江戸期に北海道や樺太そして黒竜江付近を探検した間宮林蔵（『北蝦夷分界余話』）や、明治期に樺太に来たチェーホフ（『サハリン島』岩波文庫）が報告しています。丈夫な者で錦六・七巻、惰弱な者は錦一巻にもならず雑品と交換されました。文化四（一八〇七）年、江戸幕府はアイヌが山丹人に多くの負債を持っていることがこのような不正な交易の原因と考え、アイヌの山丹商人に対する負債を全額支払って新たに官立の交易窓口を設けて不公正な交易を禁じました。

④上村英明氏は盛んにアイヌ青年の東京留学を、子供たちを親から引き離して強制移住させたと書き立てていました。これなどはまったくの嘘で、アイヌ女性砂沢クラさんも、叔父が人選に漏れて悔しがったと書いています（『クスクップ オルシペ 私の一代の話』北海道新聞社一九八三、再版本ではなくて北海道新聞社が出した原本を図書館などで確認してください）。さらに『新撰北海道史』に掲載されている写真（写真1）を見てください。立派な髭のアイヌ青年たちです。選ばれたアイヌ子弟の家族には手当ても出され、酒宴を開いて送り出したことが記録にも残っています（『北海道教育史』）。

⑤アイヌ人口減少の最大の要因は酋長による富と妾の独占で、若者たちに結婚の機会が与えられないことだと北海道を直轄した江戸幕府は判断し酋長の妾の数を三人に制限しまし

新撰北海道史　第一巻―概説

第三十圖版　東京官園在留舊土人

明治五年、開拓使小樽外四郡の舊土人男女三十余名を東京に出し、學術農耕を學習せしむ。圖は三號官園にて寫影せるもの。

写真１　アイヌ師弟の東京留学『新撰北海道史』

た。明治政府もこの制限は続けようとしましたが、結局酋長たちの要望で本妻一人のほかに妾六人（この六人という数字を覚えておいてください。後ほど役に立ちます）まで認めました（名取武光著『アイヌと考古学』）。この政策の効果もあって、明治になってアイヌ人口はわずか五十年あまりで十五パーセントも増加したのです。

⑥松前藩時代は幕府隠密に情報が漏れることを恐れて、アイヌに和語使用を禁じていました。幕府直轄になってからは和語の使用、文字の学習が許され多くのアイヌがアイヌ語を捨てて便利な和語と文字を習得、この流れは明治になっても続きました。北海道在住が長かった朝日新聞元記者菅原幸助著『現代のアイヌ』を読めば、アイヌ文化を最も嫌ったのはアイヌ自身ということがよく理解できます。そし

て現在に続くアイヌ文化とは、いわゆる観光アイヌによって観光客受けするように変えられたものであることがよくわかります。

⑦昭和三十年の時点で、日常会話でアイヌ語を用いることができるのは、『アイヌ語方言辞典』の編集者服部四郎氏によると樺太アイヌのフジヤマハルさんただ一人であったこと、そして氏の調査によって徐々にアイヌ語を思い出したということです。

⑧明治政府はアイヌを平民として受け入れ、それまでアイヌ社会にあった半奴隷制度を撤廃しました。先にあげた菅原氏の著書にもあるように、アイヌを差別したのはアイヌ自身です。またアイヌ系日本人である吉田菊太郎著『アイヌ文化史』（昭和三十三年）にも国家による保護と優遇こそあれ、差別などはなかったとしっかり書かれています。

以上を総合するとアイヌは国連宣言にいうところの〝先住民族〟にはまったく当てはまらないことがおわかりいただけたと思います。

国会決議までの経緯

正式には〝アイヌ民族を先住民族とすることを求める決議〟といいます。これは平成二十（二〇〇八）年六月六日衆参両院において全会一致で可決されました。全文は次の通りです。

アイヌ民族を先住民族とすることを求める決議

昨年九月、国連において「先住民族の権利に関する国際連合宣言」が、我が国も賛成する中で採択された。これはアイヌ民族の長年の悲願を映したものであり、同時に、その趣旨を体して具体的な行動をとることが、国連人権条約監視機関から我が国に求められている。

我が国が近代化する過程において、多数のアイヌの人々が、法的には等しく国民でありながらも差別され、貧窮を余儀なくされたという歴史的事実を、私たちは厳粛に受け止めなければならない。

全ての先住民族が、名誉と尊厳を保持し、その文化と誇りを次世代に継承していくことは、国際社会の潮流であり、また、こうした国際的な価値観を共有することは、我が国が二十一世紀の国際社会をリードしていくためにも不可欠である。

特に、本年七月に、環境サミットとも言われるG8サミットが、自然との共生を根幹とするアイヌ民族先住の地、北海道で開催されることは、誠に意義深い。

政府はこれを機に次の施策を早急に講じるべきである。

一、政府は、「先住民族の権利に関する国際連合宣言」を踏まえ、アイヌの人々を日本列島北部周辺、とりわけ北海道に先住し、独自の言語、宗教や文化の独自性を有する先住民族と認めること。

二、政府は、「先住民族の権利に関する国際連合宣言」が採択されたことを機に、同宣言における関連条項を参照しつつ、高いレベルで有識者の意見を聞きながら、これまでのアイヌ政策を推進し、総合的な施策の確立に取組むこと。

右決議する。

国会決議が意味するもの

国連宣言には先住民族が蒙ったとして、「人権と基本的自由の剥奪」「土地と資源の略奪」「ジェノサイド（大量虐殺）」「エスノサイド（民族抹殺）」など恐ろしい言葉がならんでいます。これは、明らかにアメリカのインディアンやオーストラリアのアボリジニ、カナダのイヌイットなどを念頭に置いた迫害であり、アイヌ系日本人の境遇とはまったく別物です。

アイヌ系日本人を国連宣言の「先住民族」と認定することは、日本人がインディアンやアボリジニになされた蛮行と同じことをアイヌの人々にも行っていたと世界に公言してしまったということです。これは、北海道の開拓とアイヌの保護育成につとめた我々の祖先を貶め、また日本の外交政策としても取り返しのつかない大失態だったのです。

国連宣言を踏まえるとした国会決議がなされた以上、自称アイヌ民族の人たちは国連宣言に書かれてある残虐行為が日本政府によってアイヌに加えられた、そして国連宣言に書かれてある差別が日本国民によって現在進行形で行なわれているのだと主張し、それに対する「その趣旨を体して具体的な行動」を求めて、つまり賠償や保護政策を求めることになったのです。

「我が国が近代化する過程において、多数のアイヌの人々が、法的には等しく国民でありながらも差別され、貧窮を余儀なくされたという歴史的事実を、私たちは厳粛に受け止めなければならない」などまったくの嘘であることは明らかです。近代化以前からアイヌは極端な格差社会であり、アイヌの間に存在した奴隷制度、富の偏在は戦後になってもなかなか改善されず、その悪しき伝統が現在の北海道アイヌ協会幹部の不正な税金搾取につながっているのは、昨年度の雪まつりに際しての交付金をめぐる札幌アイヌ協会の内紛を見ても明らかです。

「全ての先住民族が、名誉と尊厳を保持し、その文化と誇りを次世代に継承していくことは、国際社会の潮流」などではないことは、この時点で最大の先住民族虐殺国が参加していないこと、さらにはチベットやウイグルに対する弾圧を続ける中国を見るまでもありません。中国の蛮行に目を閉ざしながら「二十一世紀の国際社会をリードしていく」あるいは「国際的な価値観を共有する」などと言えるのでしょうか。

「本年七月に、環境サミットとも言われるＧ８サミットが、自然との共生を根幹とするアイヌ民族先住の地、北海道で開催されることは、誠に意義深い」、ここまでくると寝言・戯言も休み休みにしてもらいたいと言いたくなります。まったくのデタラメとはこのことでしょう。その証拠に、福田康夫首相（当時）はG８首脳やその他の参加国首脳に対して、公式の場で先住民族に言及することはありませんでした。この時点で、サミットに参加したアメリカ、カナダ、オーストラリアは、国連宣言に反対していました。彼らは実際にインディアンやアボリジニの土地を奪い大量虐殺をしています。国連宣言を認めれば、天文学的な賠償金を払わされるか、広大な土地と資源を返還しなければならなくなります。そんな国々が集まるサミットで、日本はアイヌの人々を「先住民族」と認定しましたと自慢できるはずがありません。福田首相が最も気を使っていた中国の胡錦涛国家主席もチベット民族弾圧やウイグル民族問題でそうとう過敏になっていたはずで、こんなことを話題に出したなら日中関係は険悪になってしまったでしょう。宣言にあるように、「その趣旨を体して具体的な行動をとることが、国連人権条約監視機関から我が国に求められている」のであれば、現在進行形で行なわれているチベットやウイグルに対する中国の弾圧に対して日本は具体的行動をとらなくてはならなかったはずです。

また、〝具体的行動〟にはアイヌへの土地の返還や自治権を認める条項が国連宣言にあることを再度確認しておきましょう。国会決議の危険性について私がこのことを月刊誌『正論』で指摘しました。そして国会決議から一年ほどでアイヌ団体の態度はガラリと豹変したのです。

私の『正論』上での問題提起に対して鈴木宗男氏は『月刊日本』で次のように回答していました。

国連宣言が、ジェノサイドやエスノサイドなど、過酷な弾圧を受けたインディアンやアボリジニなどの先住民族を念頭においていることは考えられるが、日本政府は国連宣言を『基本的には、人権の保護に資するものである』と考え、採択に当たり賛成票を投じているに過ぎないのであって、アイヌ民族を右の先住民族と同様の歴史的経緯を持つとは一切認めていない。

国会決議の第一項に「政府は、『先住民族の権利に関する国際連合宣言』を踏まえ、アイヌの人々を日本列島北部周辺、とりわけ北海道に先住し、独自の言語、宗教や文化の独自性を有する先住民族と認めること」とあり、どこをどう読めば鈴木氏の言うように「右の先住民族と同様の歴史的経緯を持つとは一切認めていない」になるのか私にはいまだに理解できません。

現に先にも触れましたが、北海道ウタリ協会（現アイヌ協会の前身）理事長は奪われたとする土地や権利の補償に言及し、首都圏在住のアイヌ・ウタリ連絡会などは民族自決・自治権まで要求し、札幌アイヌ協会ではすでにアイヌ自治区・自主憲法・警察や軍隊組織についてまで真面目に議論されています。

また、鈴木氏は「北海道、樺太、北方領土、千島列島にも先住していたアイヌ民族を、日本政府が先住民族であると正式に認めることで、ロシアとの北方領土返還交渉に新たな風穴を開けられるという戦略もあってのこと」と述べていましたが、これも私が何度も指摘したように、歴史をまったく知らない政治家の利敵行為にほかなりません（詳しくは『アイヌ先住民族 その不都合な真実20』参照）。

鈴木氏は本年八月十三日にTwitterに、「政府は平成20年、私の質問主意書に対し、アイヌ民族を東日本における先住民族として認めた」と書いています。小野寺まさる氏が再三その危険性を指摘している国連宣言の一項目を、拙訳を添えて紹介しておきましょう。

Article 28

Indigenous peoples have the right to the conservation, restoration and protection of the total environment and the productive capacity of their lands, territories and resources, as well as to assistance for this purpose from States and through international cooperation. Military activities shall not take place in the lands and territories of indigenous peoples, unless otherwise freely agreed upon by the peoples concerned.

第28条
先住民族は、彼等の土地、領土および資源の総合的環境と生産能力の保全、復元および保護に対して、自国および国際協力を通じてのこの目的のための援助に対して権利を有する。当該民族による他の内容での自由な合意がなければ、先住民族の土地および領土において軍事活動を行ってはならない。

当時、外務省にも翻訳がないということで、私は急遽この宣言を翻訳しましたが、何気なく読み流したこの文言こそが重大な危険を含んでいるのです。最後の一文に注目してください。**〝先住民族と自由な合意があれば、先住民族の土地および領土（アイヌ自治区）において軍事活動〟が可能になるのです。**そして、鈴木宗男議員はいつの間にか、政府が「アイヌ民族を東日本における先住民族として認めた」としているのです。

皆さんは、いくら国連宣言にこのような文言があっても大丈夫だと思っておられるでしょうが、資料1をご覧ください。

これは平成三十一（二〇一九）年一月十一日、アイヌ政策検討市民会議の畠山敏代表（紋別アイヌ協会長 同年八月二日紋別市内の川でサケの密漁をしておきながら不起訴になった）と石井ポンペ副代表（札幌アイヌ協会所属〝北海道・表現の不自由展・2019〟共同代表、平成二十五年美瑛町のニセ人骨ニセ墓穴を用いた反日石碑建立未遂事件にも参加、詳しくは拙著『反日石碑テロとの闘い』参照）

アイヌ政策検討市民会議
CITIZENS' ALLIANCE FOR THE EXAMINATION OF AINU POLICY

ウラジーミル・プーチン大統領あての要望書

2019年1月11日

ロシア連邦大統領
ウラジーミル・プーチン　閣下

在札幌ロシア連邦総領事館
ファブリーチニコフ・アンドレイ　閣下

モシリ コル カムイの会　Mosir Kor Kamuy no Kai
代表　畠山敏　Hatakeyama Satoshi
副代表　石井ポンペ　Ishii Ponpe
094-0015　日本国　北海道紋別市花園町7-3-22
電話　090-8906-7266　fax 1582-3-9025

イランカラプテ

尊敬する大統領閣下ならびに総領事閣下におかれましては、ますますご清栄のこととお慶び申し上げます。

突然このようなお手紙をお届けする無礼をどうかお許しください。


わたくしたちは、日本領の北海道島で生まれ育ち、現在は北海道島の内外で暮らすアイヌの有志です。アイヌは、オホーツク海を取り囲む北海道島やクリル諸島、カラフト島、カムチャツカ地方の先住民族であり、19世紀以降、貴国と日本国の間で何度も引き直されてきた国境線によって生活圏を分断され、またそれぞれの国家の圧倒的支配を受けながら、150年にわたって非常な労苦を強いられてきました。

いま日本国の領土に暮らすわたしたちは、2007年に国際連合総会で採択された「先住民族の権利に関する国際連合宣言」にちからを得て、日本国政府に対し、先住民族アイヌの諸権利を妨害しないよう、また、これまでの妨害によってアイヌが被った不利益を早急に回復するよう求めていますが、今般、貴国政府と日本国政府の間で、いわゆる領土交渉が活発化していることにかんがみ、この地域の先住民族として、貴国大統領閣下ならびに総領事閣下に、以下の要望をお伝えいたします。

1. クリル諸島をアイヌ民族の自治州／区としてください。
2. クリル諸島沿海域をアイヌ民族による漁業資源管理エリアとしてください。
3. クリル諸島の自然環境を保全してください。とくに南クリル地域については、UNESCO世界自然遺産登録地である知床半島（北海道島）との一体的な保全管理をご検討ください。

資料１　アイヌ団体がロシアのプーチン大統領に宛てた要望書

が在札幌ロシア連邦領事館にファブリーチニコフ・アンドレイ領事を訪ねて手渡したプーチン大統領宛の要望書です。

わたくしたちは、日本領の北海道島で生まれ育ち、現在は北海道島の内外で暮らすアイヌの有志です。アイヌは、オホーツク海を取り囲む北海道島やクリル諸島、カラフト島、カムチャツカ地方の先住民族であり、19世紀以降、貴国と日本国の間で何度も引き直されてきた国境線によって生活圏を分断され、またそれぞれの国家の圧倒的支配を受けながら、150年にわたって非常な労苦を強いられてきました。

いま日本国の領土に暮らすわたしたちは、2007年に国際連合総会で採択された「先住民族の権利に関する国際連合宣言」にちからを得て、日本国政府に対し、先住民族アイヌの諸権利を妨害しないよう、また、これまでの妨害によってアイヌが被った不利益を早急に回復するよう求めていますが、今般、貴国政府と日本国政府の間で、いわゆる領土交渉が活発化していることにかんがみ、この地域の先住民族として、貴国大統領閣下ならびに総領事閣下に、以下の要望をお伝えいたします。

クリル諸島をアイヌ民族の自治州／区としてください。

クリル諸島沿海域をアイヌ民族による漁業資源管理エリアとしてください。

クリル諸島の自然環境を保全してください。とくに南クリル地域については、UNES

ＣＯ世界自然遺産登録地である知床半島（北海道島）との一体的な保全管理をご検討ください。

つまり、千島と知床半島をロシアに管理して欲しいと要望しているのです。アイヌを国連宣言にいう先住民族と認めるということはこういうことなのです。

何度も確認しますが、我が国のアイヌは「先住民族の権利に関する国際連合宣言」を踏まえるような民族では決してありません。

詐欺的だった「全会一致」

なぜこのようなデタラメな決議が全会一致で決議されたのでしょうか。

まず、決議内容が各議員に配られたのは、西村眞悟議員（当時）によると採択前日の平成二十年六月五日、翌日になって突然採択、しかも他の法案との一括審議でまったく審議されなかったも同然だったというのです。

議長が「この決議案にご意義ありませんか。意義なきものと認めます。よって本案は全会一致で可決されました」とまくし立て、それで終わり。討論もなく、あっという間の「全会一致」であった、ということです。

翌七日の北海道新聞朝刊記事を紹介します。

決議に向けた動きが水面下で始まったのは今年一月、新党大地の鈴木宗男代表が自民党北海道連会長の今津寛衆院議員に持ちかけたのがきっかけだった。民主党の鳩山由紀夫幹事長も同じ思いだったという。三月には今津衆院議員を代表に「アイヌ民族の権利確立を考える議員の会」が発足、水面下で政府との調整を行い、原案を作成した。

しかし、「自民党の党内手続きで必要な政務調査会の審議を経れば、『さらに異論が出てまとまらなくなる』（閣僚経験者）とみて、いきなり党の最高意思決定機関の総務会に諮り、了解を得た。通常手続きではないが、決議の骨格を守るための巧妙な案だった。

いかがでしょうか、北海道新聞は通常の手続きを経ない、つまり議論抜きで決定されたことを「巧妙」と絶賛しています。

事前にこの決議案の内容を把握していなかった議員が多く、その前提となる国連宣言にいたっては大多数の議員は理解していなかったのです。私の知り合いの月刊誌正論編集者が外務省に確認したところ、国連宣言を軽く見ており、この時点で翻訳していなかったことが明らかになっていました。

そしてさらに平成三十一（二〇一九）年四月十九日に成立したアイヌ新法（アイヌの人々の誇

りが尊重される社会を実現するための施策の推進に関する法律）は、アイヌ系日本人とこれにつながる与野党政治家に多くの利権をもたらし、これを見た多くの心ある日本人は軽蔑の眼差しを向け、やがてさらなる差別を生むことになるでしょう。そしてこの法律によって潤沢な活動資金を得たアイヌ団体は、自分たちの不道徳や犯罪的行為を指摘し軽蔑する国民に対して差別をいいつのり、言論を封殺する運動を益々大々的に展開することでしょう。

ちなみに、私が『アイヌ先住民族　その真実』（平成二十一年、展転社）を出版した時には放火され、『反日石碑テロとの闘い』（平成二十七年、同）発売予定日である四月一日当日に脅迫状が届けられています。

不道徳や犯罪まがいのことを平気でしておいて周囲から軽蔑されると差別だと周囲を攻撃する。〝アイヌ団体やその取り巻きのやっていることは反差別ではなく反道徳運動なのだ〟ということです。

第二章

北海道の歴史――旧石器時代から明治まで

旧石器時代

旧石器時代とはヒトによる打製石器の製造使用が始まった時代です。世界的には原人あるいは旧人と呼ばれるヒト科ヒト属の誕生とともに始まり約二百万年前頃とされています。

本州での旧石器時代は、古い遺跡では十二万年ほど前まで遡ることができますが、北海道の遺跡は概ね二万年前で北方の大陸方面から渡ってきたものと考えられています。今のところ北海道で最も古い旧石器時代の遺跡は帯広市で発見された約三万年前のものです。

縄文時代

本州では約一万四千年前に土器を使う縄文時代へと変遷します。北海道の縄文時代は従来本州に遅れて紀元前六千年頃からとされてきましたが、平成十五（二〇〇三）年帯広市の大正3遺跡で発見された土器が一万四千年前のものであることが明らかになっています。この時代はすでに新潟産のヒスイが南茅部、函館空港石倉貝塚、千歳市美々4遺跡など道南・道央圏を中心に礼文島や遠くオホーツク沿岸地帯など各地の縄文遺跡から発見されています。

続縄文時代

本州では稲作が盛んに行われ弥生時代に入ったころ、気温が低いために稲作ができない北海道では続縄文時代と呼ばれる時期が六百年ないし八百年ほど続きました。北海道では各地の遺跡によって時代区分が若干異なります。

例えば、本州文化の伝播が遅かったと思われるオホーツク地方の網走では年表では縄文文化は紀元〇年ころまで続き、続縄文文化は紀元六〇〇年頃まで、枝幸地方では縄文時代が紀元前一〇〇〇年から紀元前三世紀、続縄文時代が紀元前三世紀から六世紀中頃というような具合です。道教委が公開している時代年表に補足して掲載しますので参考にしてください（表1：多くの問題を含んでいますが、後ほど説明します）。

続縄文文化の特徴は、竪穴式住居、狩猟と漁労を中心の採集、アワ・キビ・ヒエ・ソバなど穀物を栽培、石器や土器に加えて鉄器の使用です。

また、この時代は北海道北部には大陸・樺太方面から、北海道南西部には本州からの文化が流入し物資の交易が行われていたことが遺跡の発掘調査から明らかになっています。

擦文文化時代とオホーツク文化

擦文文化期は、北海道の歴史のうち、六世紀後半ごろから十三世紀（飛鳥時代から鎌倉時代後半）にかけての時期を範囲とする時代区分です。本州の土師器《はじき》の影響を受けた、串や刷毛

北海道史年表

本州の時代区分	年代（西暦）	北海道の時代区分		北海道に関する主なできごと
旧石器時代	BC20,000	旧石器時代		・北海道に人が住みはじめる
				・細石刃が使われる
縄文時代	BC10,000			・有舌尖頭器が作られる
	BC6,000			・弓矢が使われはじめる
		縄文時代	早期	・竪穴住居が作られる
				・貝殻文土器が使われる
				・石刃鏃が作られる
	BC4,000		前期	・気候が温暖化、縄文海進はじまる
				・各地に貝塚が残される
				・東北・道南に円筒土器文化発達
	BC3,000		中期	・漆の利用がはじまる
				・大きなヒスイが装飾に使われる
	BC2,000		後期	・環壕集落が現れる
				・ストーンサークルが作られる
				・周堤墓が作られる
	BC1,000		晩期	・東日本に亀ヶ岡文化が栄える
弥生時代	BC 300	続縄文時代		・コハクのネックレスが流行する
				・金属器が伝えられる
				・南海産の貝輪がもたらされる
	0			
古墳時代				・北海道の文化が本州へ南下する
	400			・洞窟に岩壁画が彫られる
			オホーツク文化期	・オホーツク文化が樺太から南下する
飛鳥時代	600	擦文時代		・阿倍比羅夫が北征する
奈良時代				・カマド付の竪穴住居に住む
平安時代	800			・北海道式古墳が作られる
				・蕨手刀や帯金具が伝えられる
鎌倉時代	1,200	中世	アイヌ文化期	・道南で平地住居が作られる
				・土器のかわりに鉄鍋が使われる
	1,300			・蝦夷から津軽へ往来、交易する
				・『諏訪大明神絵詞』成る
室町時代				・道南に館が作られる
				・道南でアイヌと和人が争う
江戸時代	1,600	近世		・チャシ(砦)が作られる
				・松前氏が蝦夷地の交易権を確立
				・日高地方でアイヌと和人が争う
				・国後・根室でアイヌと和人が争う
				・伊能忠敬が蝦夷地を測量する
明治時代 大正時代 昭和時代 平成時代	1,900	近代 現代		

表１　北海道史年表（北海道教育委員会）

で擦ったような模様の擦文式土器を特徴とします。この時期の後半には本州の窯で、より高温で焼かれ硬質の須恵器《すえき》と権威と地位の象徴である威信財としての蕨手刀が広く分布してゆきます（図2、図3）。

擦文文化の特徴は江別古墳群を代表とする独特の墓制と鉄器の使用で、鉄製のマレック（鉤銛）を用いたサケ漁もすでに行われており、また農耕にも鉄器が用いられていました。

また、擦文文化期にやや先立って続縄文時代後期、五世紀頃に日本海北部からオホーツク

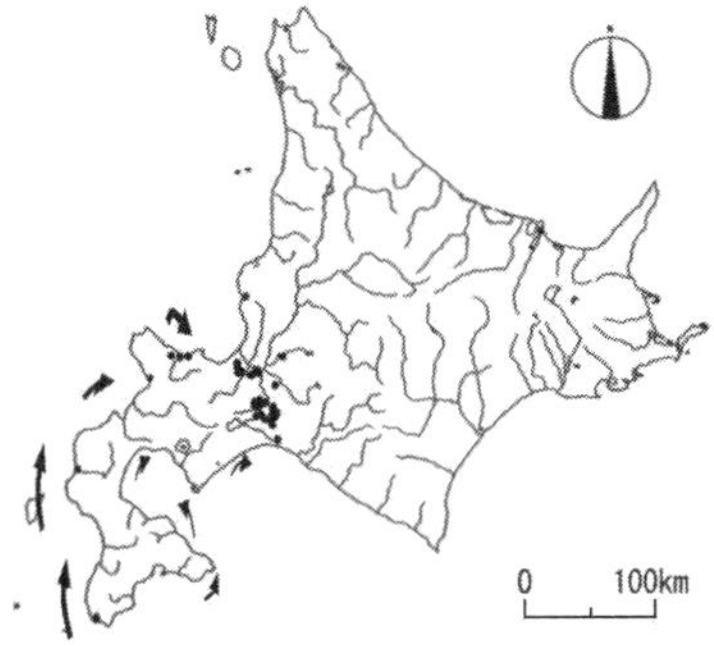
図5　北海道における須恵器の分布（8世紀後半～9世紀）

図２　須恵器の分布（北海道博物館）

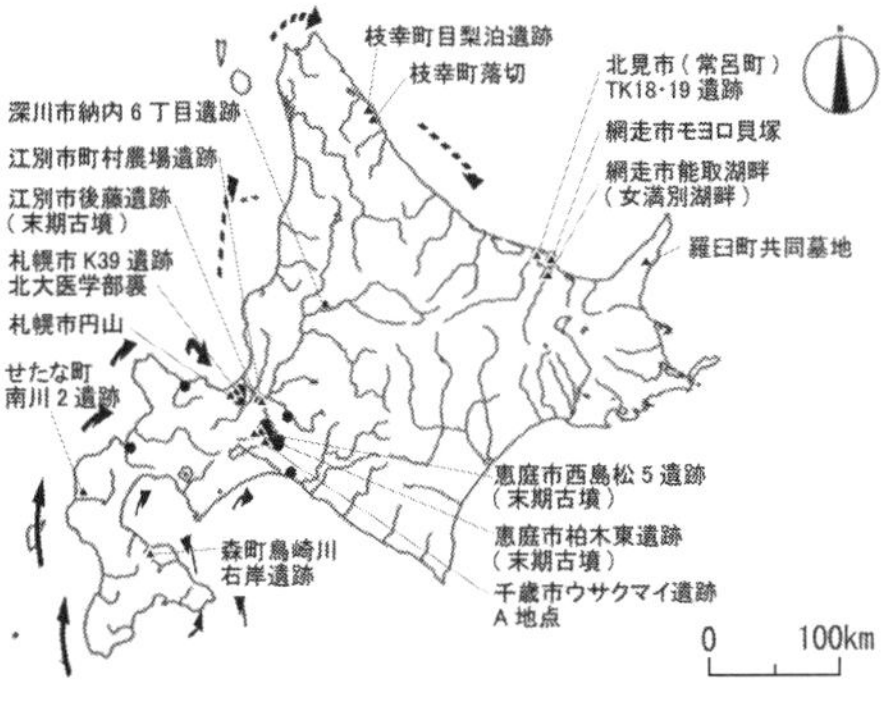

図３　蕨手刀の分布（北海道博物館）

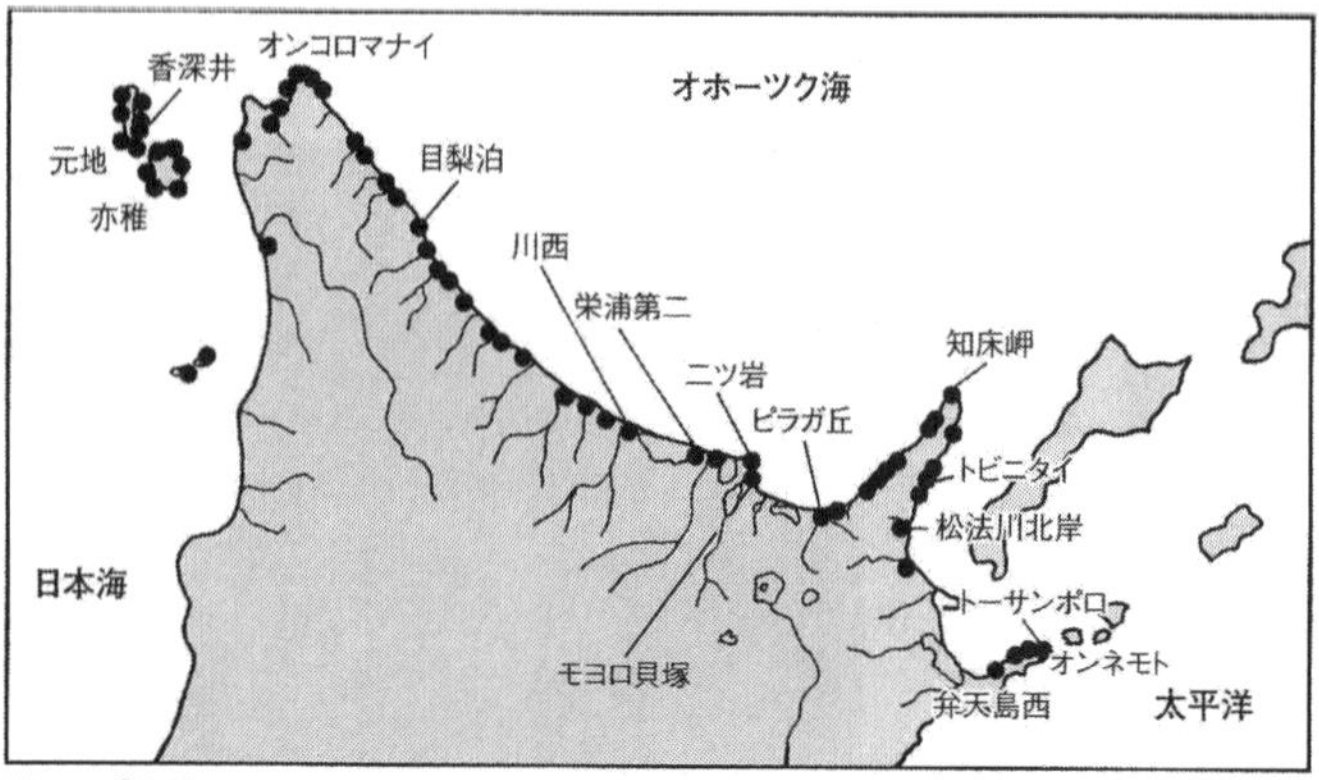

図15 ● 北海道におけるオホーツク文化の遺跡分布

図４　北海道のオホーツク文化分布『北辺の海の民―モヨロ貝塚』

沿岸さらには根室にかけて海洋漁猟民族のオホーツク文化が九世紀頃まで発達し（図４　米村衛著『北辺の海の民―モヨロ貝塚』より）、やがて擦文文化に吸収されます。オホーツク文化の特徴は多彩な海獣の骨角器や装身具です。土器は貼り付け文様を施され、鉄器も使用されていました。熊信仰も特徴としてあげられますが、なんといっても不思議なのは頭部に壺を被せる独特の墓制です（写真２同書）。

ここで読者の皆さんにお断りしておかなければならないことがあります。

それは、拙著『アイヌ先住民族、その不都合な真実20』と『科学的〝アイヌ先住民族〟否定論〟』（二〇一九年）で二度紹介した、厚真町で発見された常滑焼壺（写真３）のことです。後者の該当部分を紹介します。

厚真町で出土した常滑焼壺は約八六〇年前に製作されており、藤原氏の仏教布教による国内

図14●屈葬された人骨
仰向けにして手足を折り曲げ、頭に壺を被せ葬る。

写真２　オホーツク文化人の墓制『北辺の海の民─モヨロ貝塚』

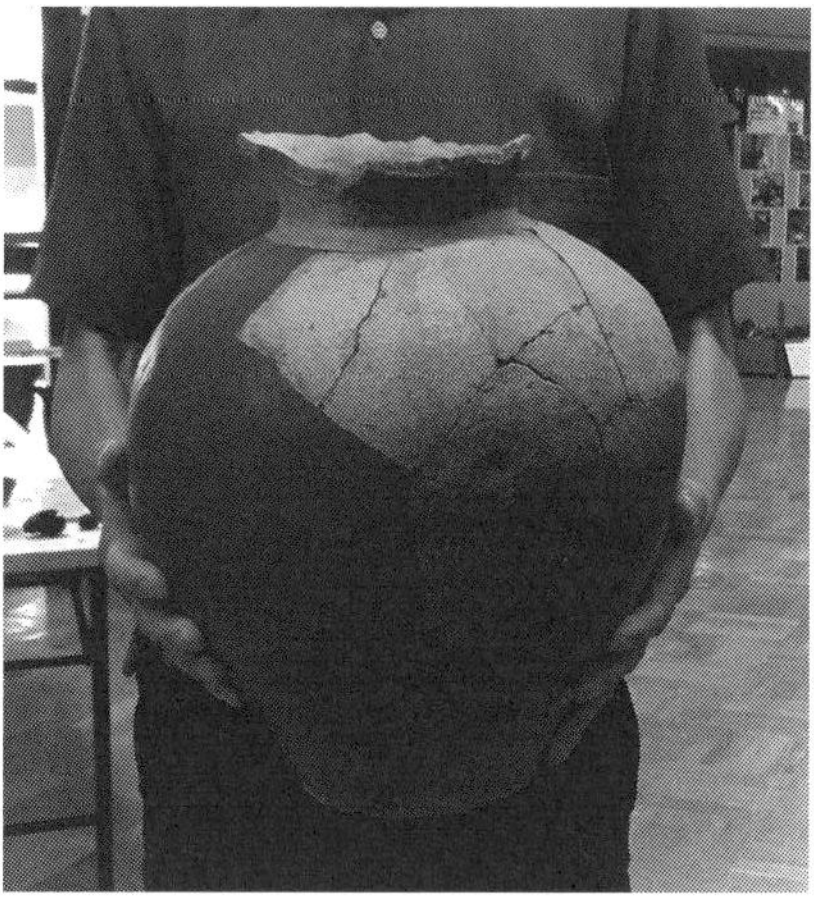

写真３　厚真町の常滑焼壺

統治を目的として奥州各地に造営された経塚に用いられる壷と同種であり、この頃すでに厚真町は奥州藤原氏の影響下にあったこと、そして北海道に仏教が伝来したのは遅くとも一一五〇年ころということになる。これはアイヌの来る一〇〇年以上前のことだ。

先の著書では文献で、後者は現地に足を運んで実際に現物を手に取って、説明を受け多くの文献をいただいて確信を持って書いたのですが、本年八月に常呂遺跡の森をたずねて大変驚きました。それはたくさん並べられている様々な土器のなかに大きな壺、厚真町の常滑焼壺と形も大きさも瓜二つの須恵器壺が目に飛び込んできたからです（写真4）。

厚真町の壺は実際に手に持たせてもらいしっかりと感覚が残っているので、眼前の壺とはっきり比較できます。説明には擦文時代十世紀頃のもので、青森県五所川原窯で焼かれ酒などを運んだものと考えられる、とありました。文献によると千歳市の末広遺跡からも同様の壺が出ているとのことで、翌月に千歳市埋蔵文化財センターを訪ねましたが、展示されていたのは丸子山遺跡の須恵器壺で、学芸員が不在ということで確認はできませんでした。さらに、厚真町の学芸員のこの壺に関する記事を再度確認すると、ずいぶんトーンダウンしていることがわかりました。また、その後再発掘調査に立ち会った方ともお会いして詳しい状況を聞きましたが、現場からは壺以外に何も出なかったということで、経塚に用いられた壺の可能性は低いのではないかということでした。

当時、物資は海岸伝いに船による輸送のため船積みに際して、また交易の上から容器は一定の形と内容量の規格が望ましく、人手で運ぶために大きさや重量にも限度があったと思われます。十世紀の五所川原産須恵器壺、後の厚真の常滑焼壺も写真のようにちょうど大人が抱えるのによい大きさと形で、底も広めで安定していることから、早い段階から北海道の交易の共通規格であったのかもしれません。厚真町の常滑焼壺も経塚の遺物というよりはそうした交易上の規格品であったとみるのが妥当のような気がしています。十世紀には道南から道央にかけての広い範囲で須恵器の交易、もしくは須恵器壺を用いた物資の本州との交易が行われていたということが明らかになっています（図2　39ページ）。

それから、二百年以上後に奥州にたくさん出荷されていた常滑焼壺が酒などの運搬手段として普通に用いられたと考える方が自然だと思えるようになってきました。

※注：千歳市埋蔵文化財センターへは令和二年十月十一日再度当該壺の確認のために出向

写真４　常呂遺跡の須恵器壺

写真５　千歳弥生遺跡の須恵器甕

きました。二人の職員の方に別のところに保管されている二つの壺を車で運んでいただき確認したところ、文様は似ているのですが二回りほど大きく底の形状が尖っていて（一つ注は底部が欠落）内容物をいれて運搬に使用するものではないことがわかりました（写真5）。同行していただいた北海道の埋蔵物に詳しい方に使用法を諸説うかがいましたが、定かではないようです。同日、北海道埋蔵文化財センターでも同様に須恵器壺を確認しましたが、こちらも尖底で常滑焼壺や常呂のものとは異なる形状と大きさでした。

平取の義経神社の謎

北海道でもアイヌ系日本人が多く住む平取町に義経神社があります。蝦夷地探検の命を受けた近藤重蔵らにより、寛政十一（一七九九）年に義經の御神像が安置され祭られたのを始めとする、と神社のホームページに見えます。

ところが寛政十（一七九八）年、幕府の一員として蝦夷地探索に近藤重蔵と同行した秦檍《はたあおき》麿《まろ》（村上島之允）の『蝦夷島奇観』（寛政十二年完成）は、すでに義経神社について詳しく述べています（資料2　東京国立博物館公開の写本）。以下、図に見える説明を読んでみましょう。なお、この図の筆跡は他の多くの図の筆跡と異なり、また漢字や仮名の元となる文字の選択も

資料２　サルモンベツ『蝦夷島奇観』

他の図と異なることから、後に別の写本が挿入された可能性もあります。

サルモンベツ山奥に
源廷尉の神靈を
祭る地あり 蝦夷
此神を島の中
奥と称して尊
崇し木幣を奉る
種々呼造曲《ヨウカリ》に
うたい傳へたり
故に比企可満 称一郎右衛門
シノタイに神廟を
建て是を祭ら
しむ

現代語訳

沙流門別山奥に源義経の神霊を祭る地があり、アイヌはこの神を「中奥」と呼んで尊崇し木幣を奉る。いろいろなユーカラ（神謡）に歌って伝えている。そのため比企可満（後の函館奉行支配調役比企市郎右衛門可満）がシノタイに神廟を建ててこれを祭らせている。

この記載からすると、神社のホームページの記載よりはるか前から、アイヌは義経神社を崇敬していたことになります。

地元の方に聞いたところ、平取町のアイヌの名門貝沢家は、奥州藤原氏の武将であった清原武通（貝沢三郎）の子孫が平取に一族を引き連れて定住したものと伝えられているそうです。その時期は遅くとも一一八九年の奥州藤原氏が滅ぼされた頃になります。アイヌが北海道へ来たのが十三世紀とされますから、もしこれが史実だとすれば貝沢一族はアイヌより先に平取を支配していたことになります。そして義経（一一五九〜一一八九）を鎌倉幕府からかくまった経緯（一一七四〜一一八〇年）からみても、貝沢家の女性が義経の胤をもらった可能性があります。その女性と義経の子供が亡き義経を祭り、これがアイヌに義経信仰を持ち込んだとして何の不思議もありません。こう考えると、アイヌに伝えられている義経伝承の内容と不思議なほど一致します。

『日本系譜綜覧』（講談社学術文庫）によれば、清原武則（奥州清原氏の祖）は天武天皇より数えて十二代の後胤で、武通（貝沢三郎）はその孫にあたります。また、義経は清和天皇九代の後胤です。平取は古くから砂金が出たこともあり、奥州藤原氏の黄金文化を支えていたことから、清原家の子孫がここへ落ち延びたことは想像に難くありません。

藤原三代のミイラからDNA採取は可能ですので、貝沢家直系男子がDNA採取に協力してくれれば、平取は〝北の平泉〟であったことが証明されるかもしれません。東北地方にアイヌ語地名が多いというのも、逆から言えば奥州語が北海道の地名に多いということかもしれません。

話は厚真町の常滑焼壺に戻ります。もし、胆振地方一帯に奥州藤原氏の武将一族が早くから入っていたとすると、義経信仰もそうですが仏教も当然入ってきたと考えられます。そうすると、先ほど否定的にとらえた厚真町常滑焼壺経塚説が復活し謎は深まるばかりです。

閑話休題。イザベラ・バードの『日本奥地紀行』には明治十一年当時平取のアイヌが神道の儀式によって義経神社を祭っていた記載があります。また、同書には「アイヌの最低で最もひどい生活でも、世界の他の多くの原住民たちの生活よりは、相当に高度で、すぐれたものではある」と書かれています。筆者も実際に参拝し周囲を散策したのですが、正面は急な崖で現在は金属製の階段が設置されています。背後は山、向かって左側は深い谷に囲まれた天然の要害でチャシもしくは山城に最適であったと思いました。

この地を訪れた松浦武四郎の『東蝦夷日誌』にも義経神社について、「毘羅取大明神との額を懸し、八十年前は卿の甲冑の像有しが、今は其像會所に有と。公高館を去て此地に渡り玉ひ、此川筋に城郭を作り、時々、爰に遊覧なし玉ひし處なりと。其地形の高館に似たるも奇と言べし」とあります。

高館は北上川に面した丘陵で、奥州藤原氏初代清衡公の時代から要害の地とされていました。頼朝に追われ平泉に落ち延びた義経は藤原秀衡の庇護を受けて高館に居館を与えられました。文治五（一一八九）年に頼朝の圧迫に耐えかねた秀衡の子泰衡の急襲にあい、この地で妻子とともに自害したと伝えられています。

夏草や　兵《つわもの》共が　夢の跡

以前、筆者は、高館を訪れたことがあります。確かに義経神社から眼下に見る景色は、木々にさえぎられてはいますがよく似ているようにも思われます。

和人・アイヌ混住時代

ここで、先ほど多くの問題を含んでいるといった道教委の年代表をもう一度確認しましょう（表1　38ページ）。

まず、時代区分を見ましょう。本州は史実で明らかになっている飛鳥時代以降は時々の統治体系で括られています。北海道の統治体系がはっきりするのは松前藩が江戸幕府に組み入れられたときですから、本州と同じく江戸時代とすべきです。同じく明治維新以後も本州と同じく明治・大正・昭和・平成そして令和とすべきです。このままだと北海道はアイヌの土地でありアイヌ文化期が明治政府の支配のよって滅ぼされたかのような印象を与えます。

次に、北海道に関する主な出来事の記載について問題を指摘します。

一三〇〇年頃の記載として、「蝦夷から津軽へ往来、交易する」とありますが、八世紀にすでに蕨手刀や須恵器が運ばれ広く分布しており、年代を少なくとも五百年は遡らせて、かつ「蝦夷と津軽の往来、交易」と改めるべきです。

同じく、「『諏訪大明神絵詞』成る」とありますが、年表にあるように「蝦夷から津軽」への一方的往来では、その記載に見える、北海道に三つの集団〝日ノ本〟〝唐子〟〝渡党〟が住んでいたということが分かるものかどうか疑問に思われます。

近世に入って「日高地方でアイヌと和人が争う」、これは明らかにシャクシャインによる和人への略奪と虐殺行為です。犠牲者はこの地方だけで商人婦女子を中心に二百七十三人、そのうち武士は三人(一説に五人)だけでした。「アイヌによる和人虐殺事件」とするべきです。その詳しい経緯は拙著『科学的〝アイヌ先住民族〟否定論』もしくは『アイヌ副読本「アイヌ民族：歴史と現在」を斬る』をご覧ください。

次の「国後・根室でアイヌと和人が争う」もまったく同様です。これは一七八九年、国後島とその対岸（今の羅臼町）で起きた、和人商人たちに不満を抱いたアイヌの若者たちの和人虐殺略奪事件であり〝争い〟ではありません。七十一人もの和人を殺害したのですから首謀者が処刑されるのは当然であり、このとき留守にしていて監視の目が行き届かなかった酋長のツキノエもそのことをよく理解していた結果が三十七人の処刑だったのです。

シャクシャインの乱も含めて、なぜ簡単に多くの和人が殺され略奪されてしまったのか疑問に思われるでしょう。それは〝アイヌ文化〟が美化されて〝アイヌ本来の生活〟が隠されて伝えられていないからなのです。江戸期の「アイヌ本来の生活」は、酋長やその一族が所有するチハンケマチ（妾）やウタレ（下僕）が、酋長の縄張りで働かされたり、時には交易で取引される**商品**だったのです。武器も持たない商人に逞しいアイヌの男たちが唯々諾々とこき使われるにはそれなりの理由があります。それは酋長の命令であり、酋長と商人の取引の結果なのです。酋長の命令さえあればシャクシャインの乱のように北海道全体で四百二十人以上もの和人を殺すことなどアイヌにとっては簡単なことだったのです。

松浦武四郎が場所請制度のもとで働かされるアイヌたちの悲惨な実態を報告していますが、彼らは酋長やその一族によってそれぞれの場所に派遣されたものでした。間宮林蔵は部落の寡婦や孤独者、貧困者や子供まで山丹貿易の商品とされたと報告していますから、もともとの半奴隷であるウタレやチハンケマチだけではなく一般のアイヌも酋長に売り払われることがあったとみるのが妥当でしょう。

話は年表に戻ります。

先にあげた様々な問題点を整理して道教委の年表を修正してみました（表２）。和文化が確立したのは平安時代と言われています。『日本書紀』を引用するまでもなく早くから本州と北海道のつながりは深く、文化や人々の交流があったことは先に紹介した遺跡・遺物から明らかです。

アイヌは『元史』の記載やその習俗（主に東シベリア黒竜江の先住民と共通）・言語（黒竜江および北樺太先住民と同じ言語構造）やユーカラ（トラが謡われているものもある）などから十三世紀以降樺太を経て波状的に北海道へ渡ってきた部族集団と考えるのが妥当です。これはアイヌ研究者だけではなく違星北斗も認め、過去の文献にもそのように記載され、北海道の古代史が専門の桜井清彦著『アイヌ秘史』にもそのように記されています。

『アイヌ語方言辞典』を編集した言語学者の服部四郎先生は、アイヌ語の違いを詳細に研究して各部族間の交流の距離を算出しています。和語の影響を受けた集団と、長万部や八雲の集団と宗谷や樺太の集団との違いは歴然としています。あまり専門的な話になりますので数値や表は省略します。

最近になって「元が樺太へ侵攻したために北からの文化流入が途絶えて北海道で独自文化を発展させたのがアイヌである」、などという珍説はＤＮＡ分析（拙著『科学的〝アイヌ先住民族〟否定論』参照）からだけではなくその方言研究からも否定されます。

北海道史年表

本州の時代区分	年代（西暦）	北海道の時代区分	北海道に関する主なできごと
旧石器時代	BC20,000	旧石器時代	・北海道に人が住みはじめる
			・細石刃が使われる
縄文時代	BC10,000		・有舌尖頭器が作られる
	BC6,000		・弓矢が使われはじめる
		縄文時代 新潟産ヒスイ 早期	・竪穴住居が作られる ・貝殻文土器が使われる ・石刃鏃が作られる
	BC4,000	前期	・気候が温暖化、縄文海進はじまる ・各地に貝塚が残される ・東北・道南に円筒土器文化発達
	BC3,000	中期	・漆の利用がはじまる
	BC2,000	後期	・大きなヒスイが装飾に使われる ・環壕集落が現れる ・ストーンサークルが作られる ・周堤墓が作られる
	BC1,000	晩期	・東日本に亀ヶ岡文化が栄える
弥生時代	BC 300	続縄文時代	・コハクのネックレスが流行する ・金属器が伝えられる ・南海産の貝輪がもたらされる
	0		
古墳時代	400		・北海道の文化が本州へ南下する ・洞窟に岩壁画が彫られる
		オホーツク文化期	・オホーツク文化が樺太から南下する
飛鳥時代	600	擦文文化期 ＊大型の五所川原産須恵器壺 ＊威信財の蕨手刀	・阿倍比羅夫が北征する
奈良時代			・カマド付の竪穴住居に住む **・津軽との往来、交易する**
平安時代	800		・北海道式古墳が作られる ・蕨手刀や帯金具が伝えられる **・本州産の須恵器が流通** **・常滑焼壺も伝わる（厚真町）**
鎌倉時代	1,200	和文化／アイヌ文化期	・道南で平地住居が作られる ・土器のかわりに鉄鍋が使われる
	1,300		・『諏訪大明神絵詞』成る
室町時代			・道南に館が作られる **＊8万人の和人が流入**
江戸時代	1,600		・松前氏が蝦夷地の交易権を確立 **場所請負制度の確立** ・伊能忠敬が蝦夷地を測量する
明治・大正 昭和・平成 令和	1,900		＊1854年アイヌ人口 15,171人 ＊1846年和人人口 85,100人

表２　北海道史年表（改変）

そして何よりも、アイヌの遺跡から発見されるものはほとんどが和人との交易で得たものです。

ウポポイにある博物館をご覧いただければわかるように、アイヌに関する古いものはすべて和製のものです。例えば、南蛮貿易で日本にもたらされたギヤマンの皿やルソン壺を日本独自の文化とは言わないように、それはアイヌ文化とは言えません。そして、アイヌ文化独自のものとして展示されているアイヌ服や彫刻などは、ほとんどがウポポイの開業に合わせ急遽製作されたものです。何しろ展示物で一番古いものをたずねたところ、一九八〇年代との答えが返ってきたというのですから、もう博物館としては話になりません。さらに、展示されている刃物の柄には〝OK印〟がかすかに見えるというでたらめさです。アイヌ女性のシトキ（首飾り）は京都の錺《かざり》金具屋が納入させてもらったと画像付きでホームページに掲載までしています。

言語やユーカラ、国造り神話も部族によってまちまちです。何よりも民族の根幹たる葬制や墓制がオホーツク文化や擦文文化とはまったく異なる異質なものです。

五年ほど前から現代アイヌこそが縄文人のDNAを最も色濃く残しているので、アイヌこそは縄文人直系の先住民族だと大騒ぎされましたが、私が拙著『科学的〝アイヌ先住民族〟否定論』において、本州被差別部落民の大量流入（一六一九・二〇両年に八万人流入、当時のアイヌ人口二万人）の史実を挙げて完全に否定して以来、まともな研究者の間では話題にもならなくなりました。江戸期に起こった東北の大飢饉に際しては、多くの人々が北海道に移住した記録もあります。

話は横道にそれましたが、北海道では和文化の影響が、アイヌがやってきた鎌倉以前も、そして後にやってきたアイヌの諸部族にも大きかったのです。それは古いアイヌの遺物を所蔵している地方博物館を見れば一目瞭然です。北海道教育庁はつまらぬ通達を出して全道の小中学生をウポポイへ強制連行するのはただちにやめるべきです（資料3）。大人の世界では金儲けのためには嘘がまかり通るという、日本人であれば恥ずかしい世界を子供たちに見せることは有害極まりないことです。

ちなみに、江戸末期のアイヌ人口と和人人口を年表に入れておきました。和人人口は定住して人別帳（戸籍）に載ったものだけですが、人別帳に載らない無宿者や出稼ぎ者を入れると十三万人以上だったのです。江戸期のアイヌ人口は調査が行き届かない少数の集落人口を少なく見積もったり、あるいは逆に多く見積もったりされており、集計者による相違が大きいので注意が必要です。

また、表3は別の文献による千島樺太アイヌも含めた江戸時代から昭和三十五年までのアイヌ人口の推移を示しましたのでこちらも参考にしてください。

教義第２８４号
令和２年（2020年）６月12日

各教育局長
各市町村教育委員会教育長（札幌市を除く）　様
（各市町村立小・中学校、義務教育学校長）

北海道教育庁学校教育局義務教育課長　川端　香代子

令和２年度における小・中学校等の修学旅行等について（通知）

このことについては、令和２年（2020年）５月26日付け教義第206号通知「新型コロナウイルス感染症の影響を踏まえた学校教育活動等の実施における『学びの保障』の方向性等について」でお知らせしたところですが、６月19日から、札幌市と道内の他地域との往来が緩和されることなども踏まえ、修学旅行や宿泊研修などの宿泊を伴う行事について、子どもたちの健康・安全を第一に考慮した上で、次の留意事項に基づき、適切に対応するようお願いします。

記

1　感染リスクの回避の観点から、改めて日程や行き先、活動内容等を検討すること。その際、旅行中の児童生徒及び引率者の感染や旅行先での感染状況の変化により、旅行を継続できなくなった場合を想定し、陸路による旅行とすることも考えられること。
2　修学旅行等の行き先については、中学校学習指導要領等において、現在の北海道などの地域における先住民族であるアイヌについて取り扱うよう示されていることも踏まえ、開業を予定している「ウポポイ」を含め道内とし、児童生徒が道内の歴史や文化について学びを深める機会とすることも検討されたいこと。
3　実施に当たっては、旅行業者等とも連携の上、バス等の交通機関による移動や旅行先における児童生徒の体験的な活動、宿泊先等での食事や部屋割り等、あらゆる場面での「３つの密（密閉・密集・密接）」の回避を徹底するなど、感染症対策の徹底に努めること。
4　保護者や児童生徒に対して、事前に、旅行中の具体的な活動内容や感染症対策、旅行先の感染状況により予定通りの実施が困難な場合も予想されることなどについて丁寧な説明を行い、児童生徒が安心して旅行に参加できるよう配慮すること。
5　旅行先の医療機関の確認や旅行を継続できなくなった場合の移動手段なども含めた対応マニュアルを作成し、教職員間で共通理解を図ること。
6　令和２年４月以降に予定していた修学旅行等を中止又は延期した場合に発生したキャンセル料等については、「新型コロナウイルス感染症対応地方創生臨時交付金」の活用が可能であること。

（企画・支援係）
（義務教育指導係）

資料３　修学旅行に関する北海道教育庁の通達

アイヌの戸数・人口表 アイヌ秘史18頁

	西暦	戸 数	男	女	計
文化元年	1804	—	—	—	21697
文政5年	1822	—	—	—	21768
安政元年	1854	—	—	—	16136
明治5年	1872	—	7964	7311	15275
明治15年	1882	—	8546	8652	17198
明治25年	1892	3988	8452	8696	17148
明治35年	1902	4040	8480	8894	17374
大正5年	1916	4427	9019	9655	18674
大正10年	1921	3885	7622	8319	15941
昭和5年	1930	3488	7742	7961	15703
昭和15年	1940	3676	7946	8224	16170
昭和35年	1960	3557	—	—	17267

表３　アイヌの戸数と人口

第三章　アイヌ奴隷を解放した明治政府

平民として解放されたアイヌ奴隷たち

明治二（一八六九）年の版籍奉還により従来の公卿諸侯が華族、明治四年には廃藩置県によって武士が士族、それ以外のものを順次平民としました。平民は単に家系を示す呼称に限られ、華族や士族の下位に位置づけられてはいましたが、従属する関係ではなくなり、法制上でも同等に扱われることになりました。

ここで注目すべきは、北海道のすべてのアイヌが平民に参入されたことです。あえて〝すべてのアイヌ〟としたのは、アイヌには厳しい身分制度があったからです。

アイヌ社会の身分制度とは、酋長とその一族以外は半奴隷の身分でした。名取武光著『アイヌと考古学』は江戸時代のアイヌの人別帳（戸籍簿）を例示して男女比がほぼ同数であることを示し、酋長をはじめとする有力者が本妻以外に多くの妾を持つことから、「合法的に性慾を満し得ない成年男子の一群」が存在していることを指摘しています。

妾の数の記録としては、平秩《へずつ》東作：『東遊記』（一七八四）留萌の酋長十三人、松前広長：『松前志（巻二）』（一七八一）十余人から二十余人、同（巻十）数十人と財産として扱われています。この妻妾に関する特殊な風習は遠く江戸にも聞こえ、根岸鎭衛の随筆集『耳嚢』にも取り上げられています。私が確認した最も多い数はシャクシャインの八十人です（『福山秘府』）。

男の半奴隷ウタレは酋長に認められ稼ぎがよければ妻を持つことが許されましたが、従属する身分であることには変わりはありません。多くのウタレは独身者のまま生涯を終えることになります。

名取武光著『アイヌと考古学』の内容紹介を続けましょう。

女は結婚前（妾になる前も）に処女であることが要求され、これに背いた男女は鼻を削ぐ劓《はなきり》の刑やアキレス腱を切る刖《あしきり》の刑に処せられました。

これは別の出版物ですが、明治三十年頃のアイヌ部落の調査記録でも鼻を削がれた男女がまだ生きていたといいます。また明治十年に紋別地方での聞き取り調査報告では、「姦するときは古きは鼻を切る、賊は耳を切る、火付けは足の筋を切る」とあります。同じ年の調査では、琴似で足を切られ苫前に居住する乱暴者のアイヌや、沙留（沙流）では夫婦して素行が悪いために夫は足を切られ妻は鼻を切られた者が実名で挙げられています。この出典本の出版に際して親族の名誉を傷つけるとして訴えられた経緯があり、親族が特定される恐れがあるのであえて出典は伏せます。

中国の古典、例えば『三国志』や『史記』を読まれた方は「劓」や「刖」「刵《みみきり》」が中国古来の刑罰であったことをご存知でしょう。つまりアイヌ諸部族は大陸の刑罰をそのまま北方から持ち込んだことがわかります。

このような文化は本州にはありませんし、道南でも聴取されていません。刑罰一つをとってもアイヌが東北や北海道の先住民族などではないことがよくわかります。

ウタレの起源は、同族中自活できないもの、戦争の捕虜、他部落よりの流転者とされています。

ウポポイの博物館や館内に置かれている冊子『アイヌ民族〜歴史と文化』（公益財団法人アイヌ民族文化財団）では、山丹貿易の担い手として果敢に海に乗り出すアイヌとして説明されている『蝦夷島図説』（間宮林蔵・秦檍丸撰　函館中央図書館蔵）の絵が大きく壁面に投影されたり、掲載されたりしていますが、原本を見ると「遠く岸を離れて乗る事はあらず常に海岸にそふて走る也」と書かれ、しかもこの舟は漁船であることが絵をよく見るとわかります（資料4、資料5）。

間宮林蔵も文化八（一八一一）年に著した『北夷分界余話』（国立公文書館デジタルアーカイブ）には次のように書いています。

一、此島の夷人を以て山丹夷にあきのふ事をなせり
男女に限らす其部落にて鰥寡孤獨の親族
縁者もなく貧困幼若なるものは往々誘引して山丹
夷に交易す一夷の價其者の強弱により錦三四巻
より乃至六七巻を以てす若し其人幼弱なるか又ハ
懦惰にして用に堪さる者に至ては其價錦を得る

資料４　舟中の具備りて海上を走る図『蝦夷生計図説』

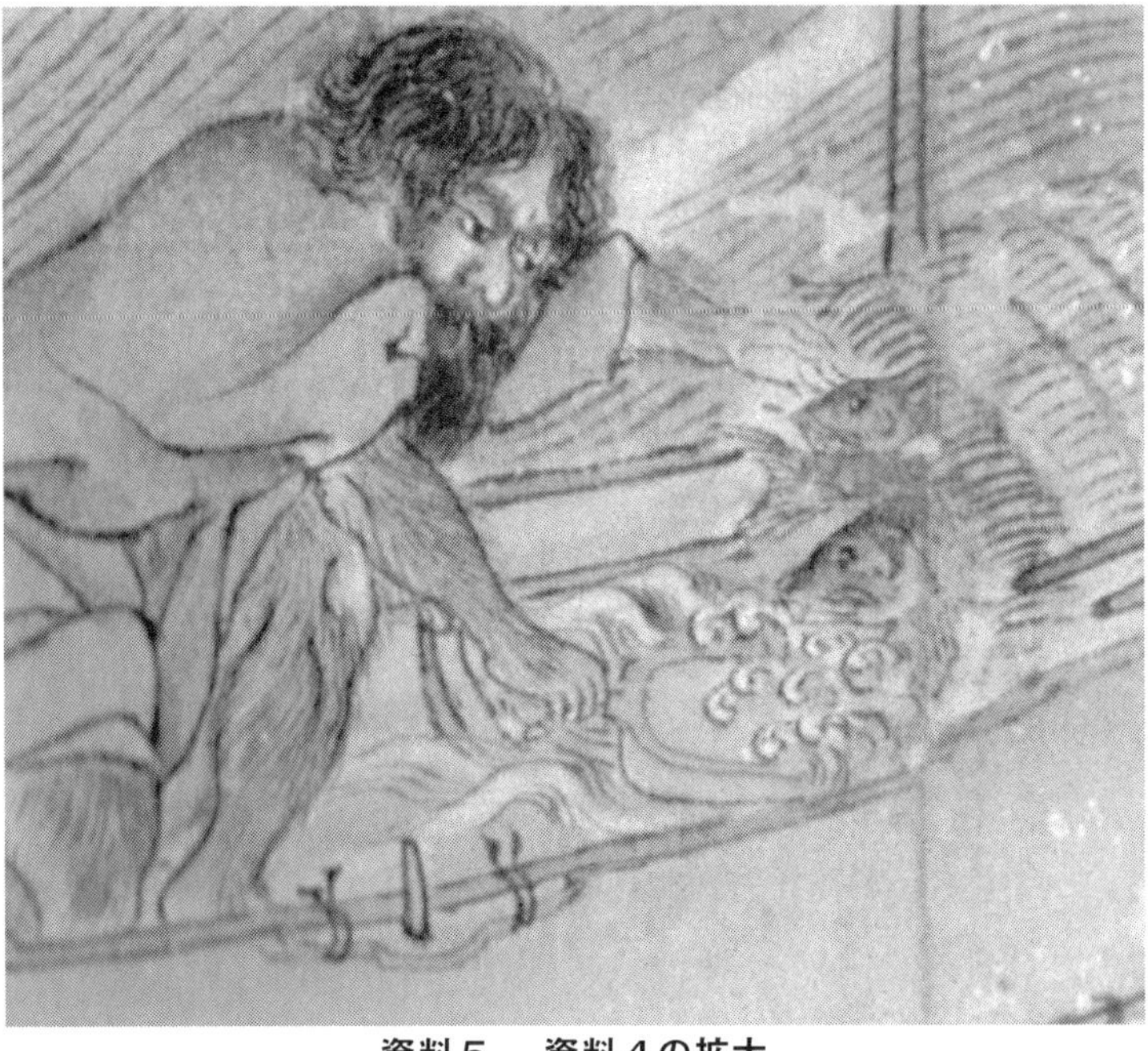

資料５　資料４の拡大

資料６　山丹人の舟『北夷分界余話』

事あたハす雑品を以てする者あり

現代語訳

この島のアイヌは人を山丹人との交易に使うことをする。男女に限らずその部落にて男やもめや女やもめで親族縁者もなく貧困や幼若な者を誘って山丹人に売り渡した。アイヌ一人の値段はその強弱によって錦三、四巻から六、七巻である。もしもそのアイヌが幼弱な場合、または惰弱な者は錦の値がないために雑品で取引される場合もある。

参考のためこの時間宮林蔵が見た山丹人の舟を表示しておきます（資料６）。

明治政府の成立によって法律上アイヌ奴隷は解放されたことにはなったのですが、北海道旧土人保護法をはじめ日本政府が行うさまざまなアイヌ支援政策は酋長およびその一族にうまく利用され、多くのアイヌは貧しいままに放置されるということが戦後まで続いていました。また、現在も北海道アイヌ協会の幹部がそうした支援策を悪用し続けていることは以前から道議会でも指摘され、副理事長であった秋辺得平釧路支部長が不正で解任され、後任の阿部一司副理事長も数々の疑惑が表ざたになり退任し、現在は札幌支部内で妹の会社へ補助金を横流ししたという疑惑で問題化している状態です。

第四章　北海道旧土人保護法の真実

制定を求め、廃止に反対したアイヌ

明治三十二（一八九九）年制定の北海道旧土人保護法を、北海道アイヌ協会とその御用学者や鈴木宗男参議院議員が盛んに、〝アイヌ差別の法律〟と非難し宣伝し続けていましたが、実はこの法律の制定を求めて帝国議会に陳情したのはアイヌの人々でした。

帝国議会に出された法案の提案理由をそのまま掲載します。

北海道の舊土人即ちアイヌは、同じく帝國の臣民でありながら、北海道の開くるに従って、内地の營業者が北海道の土地に向つて事業を進むるに従ひ、舊土人は優勝劣敗の結果段々と壓迫せられて、……同じく帝國臣民たるものが、斯の如き困難に陥らしむるのは、即ち一視同仁の聖旨に副はない次第と云ふ所よりして、此の法律を制定して舊土人アイヌも其所を得る様に致し度いと云ふに、外ならぬことでございます。

まったく差別の法律ではなかったことがよくわかる提案理由です。

後に社会党村山内閣で官房長官を務め、当時旭川市長であった五十嵐公三氏が廃止を言い出したとき、最後まで反対したのも北海道ウタリ協会（現北海道アイヌ協会）なのです。アイヌの人たちが中心になって出版した『アイヌ史』（北海道ウタリ協会）や『古潭の痕跡』（旭川人権擁護連合委員会）さらには北海道庁の出版物である『北海道旧土人保護法沿革史』にはっきりとその経緯が書かれています。

鈴木宗男議員は〝土人という呼び名〟からして差別的だと言っていましたがこれもまったくのデタラメです。

令和二（二〇二〇）年九月、私は北海道でも比較的アイヌ系日本人が多い胆振管内の七十四歳の男性にお話をうかがいました。この方のお爺さん（和人入植者）が役場に行くと、「土人か」と質問されたそうです。ここでいう〝土人〟というのは、新しく入植した和人に対して元から北海道にいる人に対しての呼び名だったそうです。

読者の中には北海道は明治になるまでアイヌの土地で、明治になって多くの和人が押し寄せてアイヌの土地を奪いアイヌを差別し虐殺したというような、アイヌ団体やその御用学者の主張を信じておられる方がいらっしゃるかもしれません。

松浦武四郎の報告した『安政人別』や『新撰北海道史』を見ると当時の北海道人口を概ね把握することができます。

一八四六年の和人人口は八万五千百人、一八五四年のアイヌ人口は一万五千百七十一人です。和人の数は人別帳（戸籍簿）によって把握された者であり、無宿者という人別帳に記載されない者や当時多くの出稼ぎ者を入れると十三万人はいたということです。

さらに、明治四十三（一九一〇）年の明治政府の調査でのアイヌ人口は一万七千五百五十四人で、五十年余りの間に二千三百八十三人（十五％）も増加しています。これは前章で紹介したアイヌの平民化によるウタレ（下僕）・チハンケマチ（妾）という半奴隷の解放により、特に酋長やその一族に所有されていた多くの女性を解放し、若いアイヌ男女の結婚が可能になったことが一番の要因だと考えられます。

そして見逃せないのが、北海道旧土人保護法によるアイヌ福祉政策と就労促進事業です。これによりアイヌ部落の中での生活困窮者にも、土地はもちろん食料や医療・教育、さらには農具や種子までが保証され、生活の安定がもたらされたことも人口増加の大きな要因だったのです。

マッカーサーへの嘆願書

北海道ウタリ協会が編纂した『アイヌ史』には進駐軍のマッカーサー宛の嘆願書が収録されています。

一九四七年一二月付、社団法人北海道アイヌ協会代表＝監事ペテ和郎より連合国軍最高司令官ダグラス・マッカーサー元帥宛文書

北海道アイヌ人所有地に関する嘆願書

日本国内で弱少民族として特別な保護をうけて居るアイヌ民族は現在北海道に約五千戸、人口約一万七千人であります。

過去数世紀以上に渉る対アイヌ圧政と搾取は、明治政府の発足によって形式的には一般日本人と同様に待遇されたのでしたが、数世紀もおくれた文化ハンデーは一般日本人と到底同等のレベルに達し得べくもなく、益々アイヌ民族は滅亡と貧困の度を加へたのであります。

明治政府はこれを重大事として明治卅二年（一八九九年）三月法律第廿七号で北海道旧土人保護法を制定し、主として農耕を指導奨励する事によってアイヌ民族を救済すべく、その第一条で「農業に従事する者」に一戸当たり五丁歩以内の土地を無償で与へ、第二条以下でその土地の権利保全を定め、そのほか福祉厚生の方針をたて、爾来保護指導の下に今日に至りました。（以下略）

社団法人北海道アイヌ協会というのは、戦前の一九三一年喜多章明《まさあき》氏（道庁職員、後に社団法人・十勝旭明社社長）の指導のもとに札幌で全道アイヌ青年大会を開催、翌年北海道アイヌ協会（初代会長喜多章明）が設立されています。これが戦後の一九四六年に社団法人北海道アイヌ協会として組織改編が行われたものです。その後一九六一年に北海道ウタリ協会と名称変更し、さらに二〇〇九年現在の北海道アイヌ協会へと再度名称変更しています。

マッカーサーへの嘆願書を読めば、当時のアイヌのこの法律に寄せる思いがよく伝わってくるはずです。鈴木宗男氏や現在のアイヌ団体と御用学者が言うような〝差別の法律〟などでは決してないのです。

〝旧土人〟という言葉についても説明が必要です。先ほど新しく入植した者と以前から住んでいる者を分ける意味で〝土人〟という言葉が使われたことを説明しました。ですからその中にはアイヌも和人も含まれていたのです。〝土人〟という言葉は戦後しばらくの間、まったく差別語として認識されていなかったことは何度も拙著で説明してありますので興味のある方はご覧ください。

なお〝土人〟と言わず〝旧土人〟としたのは、北海道には多くのいわゆる和人も含め土人が暮らしていましたが、多くの和人よりも旧《ふる》くから住んでいたという意味で旧の字をつけたものです。

幕別の吉田菊太郎氏の『アイヌ文化史』（昭和三十三年）の一節を紹介します。

現行の北海道旧土人保護法の上ではアイヌ人のことを旧土人と呼んでゐるが是は救《きゅう》恤《じゅつ》（※注：ルビ著者、憐み救う事）を行ふ場合に於ける一般和人に対する事実上の区別に過ぎない。故にその族籍上に於ても其の他法令上に於てもアイヌとか土人とかの区別を表したものは一つとしてなく正しく日本人であり社会人である。一般人同様憲法上に保証されたる権利を享有し得るのは言ふ迄もなく国民に負担されるすべての義務に服するのである。要するに両者の差は土人と言ひ和人と言う天来の血族に停まるのである。

昭和三十三年の時点で自らアイヌ系日本人である吉田氏は、旧土人保護法の「旧土人」を〝政府の保護を受ける資格のある人びと（アイヌ系日本人）〟を一般和人と区別する言葉としてとらえていたのです

筆者は公正な議論のために異なる立場の両論を併記するように心がけています。多くの嘘まで交じえて日本国のアイヌ政策や和人のアイヌ差別を告発する朝日新聞記者萱原幸助著『現代のアイヌ』は、その意味では最もよい資料だと思われるので一部を紹介します。その彼ですら北海道旧土人保護法を以下のように紹介しています。

アイヌ民族の滅亡を心配した政府は明治三十二年、旧土人保護法という法律をつくって、アイヌの保護にのりだした。保護法は、農耕を望むものには一等地一戸当たり五ヘクタール、農具を貸与、家屋も建ててやる。海で漁業を営むものには漁業権を認め、青少年で学問を志すものには奨学金を、という至れり尽くせりの法律であった。

いかがでしょうか、昭和四十年当時、朝日新聞の記者でさえこの認識であり、それを活字

にまでしていたのです。そしてウタリ（アイヌ系日本人）農家を訪ねてインタビューしていますので紹介しましょう。

この原野はみんな給与地だったよ。それが、みんなアイヌからシャモに売り渡されてしまったのだよ。どっちが悪いのか、ワシにはよくわからんね。働かないアイヌの方も悪いし、それを上手にだましたシャモも悪いと思うね。

また、同書のアイヌ酋長の長男に嫁いだ和人の奥さんのインタビューには、

ワッチはアイヌのなかで育ち、アイヌと暮らしてきたから、やはりアイヌをバカにするシャモのひとたちはきらいだよ。だからアイヌのひとたちはずいぶんはげましてやってきた。だけどカムイノミ（お祭り　神事）ばかり楽しんで働かないアイヌが多かったね。だから悪いシャモにだまされるのさ。

アイヌの男は、半奴隷のウタレは別として伝統的に働かないことが様々な文献から知ることができます。『蝦夷島奇観』の一節には以下のようにあります。煩瑣を避けるために現代語で紹介します。

女は夫に仕えて貞節たぐいないほどである。メノコが常に言うには、夫を常に炉に当たらせておき、帯もゆったりと緩めて一生をおくらせたい、と願うその意味は、自分が一生懸命働いて夫には楽をさせたいという意味である。また夫が妾をたくさん抱え置くことは妻の手柄であり、嫉妬のこころはなく、妻と妾が仲睦まじく仕事を怠けるということがない。その故に（良い妻を持ち多くの妾を抱えた者は）ついには富豪となる者が多いという。妻の務めと貞順は賞賛するに値する。

しかし、久保寺逸彦著『アイヌの文学』（岩波新書）には、実際はアイヌ婦人同士の嫉妬があったことが示唆されています。妻が嫉妬の気持ちを歌って子供に語り掛けるもので以下に一部抜粋して紹介します。

汝のお父さんは……私のところへは帰らずに、村はずれに住む六人の頤《あご》の長いみたくなしの女たちの所へ帰って来て、夜も昼も、一緒に御馳走を食べながら、大笑いしたり、大騒ぎして、歌ったり踊ったりする声が盛んに聞こえて来るのです。汝のお父さんは六人の頤長女の乳をつかまえようとして……褌をぶらぶら下げ、褌を振りまわして、毎日がやがや騒いでいるのです。

六人の妾が認められていることから、これは明治のことだと思われます。そして、頤が長いみたくなし(醜い)女と罵っていることから、明らかに嫉妬の感情が吐露された歌でしょう。

桜井清彦著『アイヌ秘史』にはアイヌ女性の手の入れ墨について、「その手は夫のために働くという誓いの印」の意味もあると紹介しています。明治になっても六人もの妾を持つ者もあったと言いますから、昭和になっても証言のように働かないアイヌが多かったのも頷けます。

このように、せっかくの保護法も生かされることなく、かえって手厚い保護によって働くことを忘れてしまい、経済的貧困ばかりではなくついに「精神的貧困者」になってしまったアイヌ同胞を何とか立ち直らせようと、アイヌ青年有志を結集して組織されたのが、第六章に詳しく述べるアイヌ協会だったのです。

第五章　学者の調査を大歓迎したアイヌ

本論に入る前にまずお断りしておかなければならないことがあります。それは私が以前拙著で実名を挙げた方が、アイヌ協会関係者から威圧的な言葉をかけられたという話がありましたので、実名はもちろん本人が推定されるイニシャルの使用や年齢も不記載とします。拙著『アイヌ先住民族　その真実』を出したときに放火された経緯もあり、協力していただいた方に被害が及ぶことがないための配慮です。取材ノートには実名が記されていることを宣言します。

大学や研究機関が集めたアイヌ人骨の扱いについて問題になっていますが、その収集の実態はどうだったのでしょうか。

アイヌ研究の実態

日本の学者たちは一部を除いてアイヌ人骨を粗末には扱いませんでした。そのことは次の経緯から容易に想像がつきます。

慶応元（一八六五）年、函館のイギリス領事館員とイギリス人博物学者がアイヌの墓を発掘して計十七体のアイヌ人骨を盗掘しました。アイヌの訴えで箱館奉行はイギリス領事ハワード・ワイスに盗掘事件の究明と人骨の返還を強く要求し、当該領事館員ら三名は処罰され、またハワード・ワイス領事も解任されています。またこの際アイヌ遺族には二百五十両

（現在のお金に換算して約二千五百万円）の賠償金が支払われているのです。

アイヌ団体は最も多くのアイヌ人骨を収集した北海道大学を槍玉に挙げていますが、児玉作左衛門教授（当時）の手記などを読むと少なくとも北海道大学を非難するのはお門違いです。

児玉教授着任直後の手記の概略を、東村岳史名古屋大学大学院国際開発研究科准教授の論文（『アイヌの頭蓋骨写真報道が意味するもの』）から引用要約します。


ただ一つ遺憾に思ったことは、アイヌたちが研究者に対して極度な悪感情を持っていることであった。よく聞いてみると、数年前に京大の清野博士が来栄浜付近の魯礼の部落で、アイヌたちに無断で新しい墓を五十数個掘り返して持ち去ったというのである。……こういうウソをついてアイヌたちをだますとは実に卑劣な行為であるし、また他の研究者が迷惑することがわからないのかと非常に憤慨し、かつ嘆かわしく感じた。アイヌ民族には墳墓を極端に恐れる観念があるため骨格を発掘するというのはほとんど不可能に近いと私はなかばあきらめていた。

ところがようやく昭和九年になってはじめて、アイヌの骨格を多数発掘する機会が与えられた。それは八雲町のユウラップ浜の酋長椎久年蔵氏の牧場であるが、ときどき骨格が出るというので発掘を依頼されたのである。

このとき、児玉氏は警察に取り調べをうけ弁明してようやく理解され、その後の各地の発掘は円滑に行われたと言います。千島アイヌの発掘については論文を引用します。

四つ目は、「千島アイヌ発掘」で、発掘後児玉は千島アイヌたちから「『その骨格は祖先のものであるから全部返してくれ』という厳重な抗議」を受けた。「わたしは八方手を尽してみたがなんら効果がなく、涙をのんでこれを返さざるをえなくなった」。ところが、返還前に慰霊祭を行なったところ、「式が終ると酋長はわたしのところへ来て、あの骨格は全部北大に寄贈するから大切に保管されたいと涙ぐんでいわれた。このときの感激は一生忘れることができない。終戦後この酋長は一度北大を訪れてくれたが『あのとき北大にあげておいたことが、本当によかったと思う』といって、感無量の面持で同胞の頭蓋を見つめていた」。これがこのエッセイの締めくくりである。

そもそも、児玉氏がアイヌ人骨発掘調査を始めたきっかけは、アイヌ酋長の依頼だったのです。

しかし、一方では元朝日新聞記者菅原幸助著『現代のアイヌ』（現文社 昭和四十一年）のように、静内アイヌの若者たちが草刈りガマで抵抗する中、役場職員や巡査に守られながら人骨が掘り返され持ち去られた、という記載もありますが（文中に近年とあるので昭和三十年代後半のことか）、当時を知る方から直接お話を聞きましたがそのようなことはなかったということでした。また、古くから静内に住んでおられた○さん（現在道内の別の市に在住）の証言もそのようなことはなかったということです。ここには、アイヌの中でも過激派といわれる方がおられ、特にその中の一人などはシシリムカアイヌ文化研究会に講演者としてお招きした国立科学博物館の篠田謙一先生に対して、乱暴な言葉で「アイヌの味方かシャモの味方か」などと詰問したりして、三度目にはついに篠田先生が強い口調で「あなた方の態度が若い研究者を遠ざける、あなた方が先住民族と言っているがそれを証明するのは科学であり、そうした態度では研究者が続かなくなり証明などできなくなる」と言ったところ会場は静まり返ったそうです。また、この人物は北海道アイヌ協会副理事長（当時）の阿部一司氏にさえ、氏が大学に研究のために親の遺体解剖を許可したことに〝シャモの研究に親を差し出すとは何事だ〟と聴衆の前で痛罵したそうです。シシリムカアイヌ文化研究会にこの方が出席されるという情報が入ると、皆が敬遠して集まりが悪くなったと地元の方が嘆いていました。

過去に出された篠田先生の論文は自らを〝先住民族〟だと僭称するアイヌ団体にとって都合が悪すぎましたが、この当時研究機関から出された論文が縄文人とアイヌを直結させるような内容でしたので、アイヌが先住民族であることを否定した、篠田先生の口から最近の知見を述べさせるのが目的の講演になったのでしょう。しかし、この目論見は私が早くからアイヌ人口の何倍もの和人の男たちが北海道へ移住し、アイヌ社会に受け入れられていった経緯を明らかにしたためにすっかり当て外れになってしまい、ついには篠田先生の怒りまでかってしまったということでしょう。

アイヌ研究のために日本人学者たちは、多大の代価を支払って調査したことは、昭和初期に録音収録されたアイヌ歌謡にも残っています。拙著を読まれるウポポイ研究員のためにウポポイの公用語であるアイヌ語で紹介しておきましょう。

…shisam tono kor a ikor utat turano chieunkerai ki a shir ku-nukar hike yairaike na.…（出典ぐらいは研究者なら自分でお調べください）

念のため、多くの読者のために和語も添えておきます。ウポポイの研究者はこちらをご覧にならないで結構です。

和語訳

…和人の殿方のお持ちのお宝（金銭）を私の村の人たちともども私も頂戴いたしました様を私が見ましたので御礼申します。…

既出の拙著でも触れましたが、アイヌ研究者のご子息にお会いして実際に研究ノートを見せていただいたことがあり、多大の出費をしていたこと、調査のたびに対価を吊り上げられることに対する憤りなどが書かれていました。
以上のような事実からしても、北海道大学などに保存されているアイヌ人骨にも、遺族同意のもと多大の代価が支払われたうえでの発掘調査だったと考えるのが妥当です。

菅原幸助『現代のアイヌ』に記されている〝チセゴモリ〟のウソ

まずは同書十七〜十八ページの記載です。

ウレ酋長の妻で、ムカワアイヌの最年長者だった板野エサンさんが昭和三十七年十二月、九十三歳で病死した。コタンには「役にたたなくなった老人は、ひとり山小屋にこもって余生を送り、静かに死期を待つ。死後は、小屋もろとも焼き払って病魔を退散させる」という「楢山節考」のような風習があって〝チセゴモリ〟と呼んでいる。エサンばあさんは、この〝チセゴモリ〟を守って死んだ。おそらく、コタンでこの奇習を守って死んだのは、これが最後だろう、ということで葬式は盛大に行われた。日高、十勝、釧路など北海道各地から大勢のウタリたちが集まって、エサンばあさんの家を焼き払う行事が行われた。すべてはアイヌブリによって儀式が行われ、テレビや新聞の報道陣が大勢やってきて、もののしくその様子を報道した。

これについて筆者は昭和三十七年十二月の北海道新聞全道版をすべて確認しましたが見当たりませんでした。さらに実際に現地に足を運んで詳しく調査しました。

当時を知る地元の人の話では同書十五ページ記載の風景がそもそも誤りで、これは鵡川ではなく沙流川あたりの風景で、当時はこの地域に記載に見えるサイロはなかったということです。筆者も直に現場を見ましたが、コタンの位置は「小高い丘」の上ではなく、背後に山が迫っている場所でした。菅原幸助記者が現場に足を運んでいない、もしくは北海道を離れた四年ほどの間に記憶が混乱したものでしょう。

筆者の調査で明らかになったことを箇条書きにします。証言者の名前は伏せさせていただきます。

①死亡したのは昭和三十六年の誤り。
②むかわアイヌ協会の高齢女性Aさん：〃チセゴモリ〃などという言葉がない。
③むかわアイヌ協会の高齢女性Bさん：はじめて聞いた。
④平取Cさん：聞いたことない。
⑤近くに住む高齢夫婦：昭和三十六年十二月頃にNHKニュースに出た（翌年三月に結婚したのでよく覚えている）。板野さんの宅地で行われたのではなく、当時Dさんの納屋の横か

ら墓所に通じる道がありそこを人々が登っていった。

⑥ＮＨＫ室蘭放送局Ｅ氏：昭和三十六年十二月七日、十五分間放送した。フィルムはない。小屋に見立てて小さな藁小屋を作り棺桶を入れて祈りを捧げ、酒を捧げて飲んだ。荼毘か土葬かは不明。

⑦三㎞ほど離れたところに住むＦさん：当時は薪を積んで焼くので、真似事のチセを作って棺を入れて焼いたのだろう。

以上が現地の調査結果です。

昭和三十七年当時、冬のチセに老婆を一人置き死亡すれば小屋ごと焼くというのは、朝日新聞記者のアイヌ幻想だったことが明らかになりました。このようなことが行われていれば当然、町役場や警察の耳にも入り、虐待やさらには放火死体遺棄事件として捜査対象にされたと思われますがそのようなこともなかったとのことです。

新任地の群馬県で、酒場でテレビの記憶をたよりに前任地のほら話を何度もしているうちに自分でも現場で見たような気分になってしまったのかもしれませんが、菅原記者の〝チセゴモリ〟はここではっきりと否定しておきます。

ちなみに筆者は、昭和三十六年十二月の北海道新聞全道版もすべて確認しましたが、該当記事はありませんでした。

そもそも、この本には随分と嘘が書かれています。典型的な例は二〇八ページ〝厚生省の新政策〟の冒頭には、いきなり「松前藩時代の記録によると、北海道に住んでいたアイヌ人口は最高七、八万人ぐらいと推定されている。江戸時代末期までは、シャモ（本州人）よりもアイヌの人口がはるかに多かったわけだ。……明治三十二年には、アイヌの人口も、むかしの半分、三万人足らずに減っていたのである」というのですから、話になりません。先にも示しましたが当時の北海道人口は人別帳で正確に把握されています。

この本の推薦に言葉を書いている、南京大虐殺をニセ写真で宣伝した本多勝一といい、従軍慰安婦強制連行捏造記事を書いた植村隆といい朝日新聞関係者は平気ですぐバレるような嘘を活字にしますので、皆さんも注意してください。

アイヌの葬制と墓制

『蝦夷島奇観』にはアイヌの葬制について詳しく書かれています。資料7は紹介されているアイヌの有名な葬制です。

本文を現代語に訳して紹介します。

葬礼1

資料７　アイヌの葬礼『蝦夷島奇観』

ヲチユエとは葬礼の事である。アイヌが死んだときは親族が集まって死者の身体手足をのばして、数度その体を撫でおろす。枕にしていたチタルペ（莫蓙、これは箱型に編んだもので、幅三尺、長さ六、七尺のものを巻いて生涯の枕としていつもそばに置く）を開いて死に装束を取り出す。この中に宝（太刀短刀の金具類）二三種のほか、縄にいたるまで収められている。結婚したころからいつとはなくこうした宝を貯めおくことは神妙なことだ。さて、霊へのお供えには、魚・肉・米飯・酒を供え、通常とは上下逆にして木幣を作り所持する宝の中で上等の物を死者にもたせて先ほどの莫蓙に包んで親族が集まって抱いて家を出る。妻子や妾たちはアットシの衣をかぶりその人の愛用の品を持って墓へ行く。死体の大きさに合わせて穴を掘り、中に埋葬して頭の方に次に出す図のような木を立て、鉾も建ててこれを祭る。

解説

服部四郎編『アイヌ語方言辞典』には、帯広・樺太地方の方言として ociwe（帯広・樺太方言の捨てる）が収録されています。葬る、葬式なども収録されていますがヲチユエという発音ではありません。また葬式については各地方により統一された言葉はなかったようで、日本語の死者を弔う形の葬式は無かったのかもしれません。桜井清彦著『アイヌ秘史』には金田一京助を引用して、「送る」のはあくまで「霊」であって、死体そのものを墓地へ葬ることはアイヌ語でオスラ（投げる、捨てる）ということばを用いる、とあります。〝捨てる〟については『アイヌ語方言辞典』で、ociwe が帯広・樺太方言、osura と記され八雲・幌別・沙流・美幌・旭川・名寄・宗谷の方言として収録されています。

服部四郎編『アイヌ語方言辞典』は言語学者の服部四郎の他に知里真志保ら六名のアイヌ語学者が参加して昭和三十九（一九六四）年に出版されました。葬儀・葬式といった民族文化の最も基本となる言語が、八雲・幌別・沙流・旭川・帯広・美幌・名寄・宗谷・樺太・千島の各方言で収録されていなかったり、それぞれ異なっているのはアイヌが統一された民族などではなく元々部族社会であったためであり、当時すでにアイヌは民族独自の葬礼を失っていたこと、言葉の記憶すらも失っていたことを意味するのではないでしょうか。
ヲチユエに相当する言葉の意味は同辞典には「捨てる」とあり、また死者が追いかけてこないように墓からの帰路草を結んだり（古川古松軒：『東遊雑記』）、家を死者の愛用品もろとも焼き捨てたりする風習が一八〇〇年頃には確認されていることから、アイヌは、先住する和文化と共通する古墳を持つ擦文文化人や独特の墓制のオホーツク文化人とは全く異なった文化を北海道に持ち込んだものと思われます。

葬礼2

葬儀が終わって皆して家に帰り家財道具などなにくれとなく外に運び出し、どこかに移り住む当てもないままに家に火をつけて焼き捨てる。家婦または兄弟の死んだときは葬祭は主人と同じにするが家を焼くことはない。炉のへりの木を破り捨てて新たに作る。（家婦の場合は）墓に送る器は鍋、かもじ、針のようなすべて女の身の回りの品を墓の頭の方に置く。主人が死んだときは妻は髪を切らずに帽子をかぶって三年の喪に服する。

解説

少し詳しくこの絵を見ましょう。この絵は以前アイヌ関係の学術論文に堂々と〝和人に家を焼かれて嘆くアイヌの女性〟というような説明が出ていることを批判する論文がネット上に公開されていました。正しくは死者があの世に行っても困らないように家や家財をあの世に送る儀式です。

〝カモ〳〵〟については従来不明とされていましたが、筆者は髢《かもじ》（添え髪）と考えました。理由は身分のあるアイヌ老婆盛装の絵をみると髢をつけて髪にふくらませている様子が知れたからです（資料8『夷酋列像（乙箇吡壹　母　窒吉律亞濕葛乙）』）。続く「針の類ひすへて女の業とせし器」とよくつながります。

イザベラ・バードはアイヌの葬礼に関して次のような見聞を遺しています。

父が死ぬと、三十日間引き籠ってからその住んでいた家を焼き払い、その未亡人と子供たちは三年間友人の家へ行き、その後に元の場所に家が再建される。

明治三十一年時点で、平取では主人が死んだときは家を焼いたという記録があります（『アイヌ史資料集』）。

考察

家を焼き捨てるのは主人の他に老婆が死んだときにも行われます。これは老婆の魂が迷って現世をうろつき災いをすることを防ぐためと言われています。アイヌは地面の反対側に、地表と同じような死者の世界があって死者が困らないように身の回りの品々諸共に家を焼き捨てると言われています。（名取武光『アイヌと考古学』）

先の古川古松軒は天明七（一七八七）年に幕府巡見使随員として北海道を訪れ、その記録である『東遊雑記』にアイヌの葬制について、「再び墳墓へ来て祭ることなく、追善供養ということはもとより知らず、父母の死しては必ず家を焼き、居を外へ移すことなり」とあります。同様の記載は『和漢三才図会』や『松前志』にも見えます。

資料８　酋長の母『夷酋列像』

アイヌの葬制のうち江戸幕府が蝦夷地を直轄した時に特に問題としたのは、夫や父母の死に際して家や愛用品を焼き捨てる風習で、それがアイヌの貧困の大きな原因と考えこれを禁止したのです。

アイヌの死者に対する儀

礼については、死者を恐れるもしくは忌み嫌う要素が多分に含まれています。先に紹介した埋葬地からの帰路に草を結んだり、特に老婆の死に際しては主人の死とはまた別の意味で、物に執着する老婆が蘇るのを恐れるという要素もあったようです（板倉源次郎『蝦夷随筆一七三九年』）。

『和漢三才図会』には「その後は二度と死者を悔慕するようなことはしない。もし人がうっかりして死者の事を訪尋《といたずね》でもすれば、忿怒して休《や》まず、そのため品物を出して贖《あがな》わねばならない。つまり、ようやく愁を忘れかけているのにどうしてまた悲歎にくれさせるようなことをするのか、というわけである」とあります。

『アイヌ史資料集』には、明治三十一年当時、埋葬はキナ（莫蓙《ござ》）に巻いて浅く埋めるので犬などが掘り返すため、墓場を定めて指導して葬らせたとの記載もあり、明治中頃を過ぎてもアイヌには遺骨や墓を大切にする文化はなかったことがわかります。

現在、北海道アイヌ協会は大学などに保管されているアイヌ人骨を返還させ国費で慰霊堂を建てさせて、これまた公費でアイヌ式慰霊祭を行っていますが、このように死者を思い出し弔う儀式は元々アイヌにはなかったようです。〝先住民族運動〟という名の金稼ぎのために自らの伝統文化を破壊していることを自覚してほしいと思います。

また、埋葬に関連して、東シベリアの狩猟民族には土を掘ることは神の領域を侵すという信仰を持つものもあり、和人と接触するまでアイヌに農耕の文化がなかったことの一つの要素として重要です。現在でもオホーツク沿岸の漁師の中には土いじりを忌み嫌い草取りすらしないという男たちがあると地元の人から聞いたことがあります。

葬礼3

現代語

メッカウチとはもし不慮の死をとげた者があれば、その妻や兄弟が葬礼を例の如くつとめ、埋葬を終えての村への帰路に親族村里の者などが待ちうけて、太刀を抜いてその路を左右に千鳥がけに打ち払うことを繰り返して鬨《とき》(時)の声を発する。海で死んだ者には海の方へ、山で死んだときは山に向かって切り払うようにして、死者の妻や兄弟を取り囲み、周りを巡って彼ら遺族の額を少しずつ切って血を出して、また鬨《とき》の声を上げて終わる。これは大祓と同じ意味(罪穢れを払う意味)なのだろう。

〝大祓〟は神道儀式の一つで、天下万民の罪穢れを祓う儀式。メッカウチについては『和漢三才図会』(平凡社東洋文庫)に〝吊打〟として紹介され、「父母や夫の喪に際しては、親属が集会して喪者の頭や背を木刀で敲《たた》く。木刀には縦に鉄条が入っているので肌膚は破傷し、喪者が殆ど気絶せんばかりになったところで止める。こうするのが死んだ父母や夫に対する孝悌の法なのであり、これを吊打という」とあります。松前志摩守德廣『蝦夷島奇観補註』

には、これを喪礼とするのは誤りだとし『蝦夷志』の記載についても本文はあげないで誤りとしています。『蝦夷志』の該当部分は、「父母の喪は服制有ること莫し。唯だ其の兄弟若しくは叔姪は、刀を抽き刃を外にして互に其の額を撃ち、流血面を被う。蓋し相い責むるに不幸不弟の罪を以てするなり」となっています。

また、松前広長（一七三七—一八〇二）の著『松前志』には「夷方親族抔の非常の死あれば殉死抔の意にや。是を弔ふとてメッカウチと云事を為也。其徒刀を抜て頭上を削り、面々血を被るを則とす」とあり、作法は『蝦夷島奇観』の記載とほぼ同じですが、意義づけが異なっています。

函館奉行羽太正養《はねぶとまさやす》の『休明光記』（一七九九〜一八〇七の記録）には「蝦夷人のならはしにてメツカ打といふ事あり。死者有時はかりもがりをし、魚肉獣肉其外さまざまのものを備へ、其前にて兄弟親戚寄集り、慟哭して止ず。しばらくして後、互に棒を以撃合、血を出すを祭とす」（巻之二）とあります。正養は、先に定めた三箇条の法（一、邪宗門にしたがふもの、外国人に親しむもの、其罪おもかるべし。一、人をころしたるものは皆死罪たるべし。一、人に疵つけ又は盗するものは其ほどに応じ咎めあるべし）に加えて、このメッカウチ、熊祭り、耳環、入れ墨を陋習として禁じ、また明治政府も同様に禁じました。後三者は戦後になってもアイヌ社会で行われていたことから徹底したものではなかったようです。

資料９　ウカルの図『蝦夷生計図説』

考察

メッカウチについては、八雲・余市では夫を失った気の弱い妻を気絶させて楽にしてやるという慈悲深い行いである（名取武光『アイヌと考古学』）など、各書各所において様々な意義づけがなされており、当時から和人の感覚では理解しがたい儀式であったものと思われます。

ただし、埋葬をアイヌ語では死体を〝捨てる〟と表現すること、また名取武光『アイヌと考古学』にも、コタンクルカムイ（村の守護神）の過失を責める、あるいは禍神を威嚇する儀式とあることから、やはり死、特に横死した死体を恐れる、つまり何らかの悪霊が取り付いて死んだという思いから、親族にその悪霊が乗り移って村に持ち込まれるのを防ぐ意義があったのではないかとも考えられます。

　また、『蝦夷生計圖説』（ウカルの部）には、変死および非業の死人が出たとき、その親族の悲しみを励ます、あるいは父母を失った子に対する戒め、疫病や悪天候の退散祈願など数種の目的があげられています。（資料9：『蝦夷生計図説』に見える〝ウカルの図〟）

第六章　アイヌ協会を設立したのは和人

昭和のコシャマインと慕われた喜多章明

現在の公益社団法人北海道アイヌ協会の沿革について詳しく説明します。

昭和六（一九三一）年、喜多章明氏（道庁職員、後に社団法人・十勝旭明社社長）の指導のもとに札幌で全道アイヌ青年大会を開催、〝生活と文化において悲惨な状況におかれているアイヌを、お互いの結束の力で文明人として平均的水準まで向上させる〟目的で、北海道アイヌ協会（初代会長喜多章明）が設立されています（藤本英夫著『知里真志保の生涯』）。

これが戦後の一九四六年に社団法人北海道アイヌ協会として組織改編が行われ、さらに一九六一年に北海道ウタリ協会と名称変更し、さらに二〇〇九年現在の北海道アイヌ協会へと再度名称変更しています。現在の北海道アイヌ協会のホームページからは喜多氏の功績がすっかり消し去られています（旭川人権擁護委員連合会『コタンの痕跡』）。

内部事情に詳しい方にお話を伺いましたが、アイヌ協会は元々部族社会であったために一枚岩とはいかないようで、大きく急進派と穏健派に分かれているとのことでした。アイヌ遺骨問題で紹介した静内には急進派の急先鋒が、そして私の住む旭川市にも東京のアイヌ・ラマット実行委員会や在日朝鮮人で「明治政府はアイヌを殺して殺して殺しまくった」などと発言している辛淑玉《シンスゴ》（日本名：新山節子）、さらには美瑛町でニセ人骨ニセ墓穴まで用意して朝鮮人強制連行の石碑を建てようとした反日団体（詳しくは拙著『反日石碑テロとの闘い』参照）

らと行動を共にして〝天皇謝罪要求と五兆円賠償請求〟（詳しくは拙著『アイヌ先住民族 その不都合な真実20』参照）しているアイヌ団体があり、会長の妻は公益財団法人アイヌ民族文化財団の理事になって副読本やウポポイで配布される冊子の編纂に関与しています。

アイヌ協会の設立者の一人、吉田菊太郎氏は有名な違星北斗氏らとともにアイヌの生活や社会地位向上のためばかりではなく、北海道や十勝の発展に大きな功績のあったアイヌ系日本人です。

吉田菊太郎著『アイヌ文化史』に紹介されている吉田氏の経歴です。

明治二十九年七月二十日、十勝国中川郡幕別村字白人村、父庄吉 母マツの間に長男として生れ、以来この地に居住し今日に至る。白人小学校、幕別高等小学校を卒えて父業を継ぎ農業を常む。昭和四年白人古潭矯風会を創設して専ら同族の生活改善に力め、殊に住宅改善に重点をおき、ニケ年にして全戸数二十三戸を文化住宅に改めた。昭和五年に旧土人保導委員に依嘱され、昭和七年四月に幕別町議会議員に当選し以来四選す。昭和四年以来現在に至る間の足跡を見るに幕別町学務委員，北海道力面委員、幕別町畜産代議員、幕別町農業会理事会長、十勝旭明社理事、北海道アイヌ協会副会長、十勝アイヌ協会長、幕別町厚生委員長、幕別町議会懲罰委員長、相川校ＰＴ会顧問、幕別町国保運営協議会長、北海道民生委員 北海道アイヌ文化保存協会長、 民生委員は社会福祉法制度布かれて以来引続勤めること二十七年間、現職に在る。

経歴を見れば明らかなように、戦前からアイヌを理由に差別されて公職につけないなどということはまったくありませんでした。これは戦前ひどい差別を受けたという朝鮮人も同様で、有名な日本軍将校だった韓国の朴正熙元大統領ばかりでなく戦前町会議員にトップ当選した人物も記録に残っています（『日本地理風俗大系』）。

北海道アイヌ協会設立の目的は〝世の中を変えていこう〟などという社会運動ではなく、吉田氏の経歴を見ればアイヌ部落の〝矯風《きょうふう》〟つまり生活習慣の改善、わけても住宅改善アイヌの生活改善、つまり和人並みの生活を達成しようというものだったことがおわかりいただけるでしょう。

しかもアイヌ協会設立は、アイヌの生活を改善させようと道庁の役人であった喜多章明氏の尽力の賜物であり、初代会長に就任したのも喜多氏です。『コタンの痕跡―アイヌ人権史の一断面―』の喜多氏の寄稿によれば設立は札幌での青年大会の翌年とありますから、一九三一年ではなく一九三二年ということになります。

『アイヌ文化史』にある喜多章明氏の略歴を紹介しましょう。

昭和のコシヤマイン、アイヌの大将、従六位勲六等喜多章明氏は大正時代からアイヌの味方として常に陣頭に立って奮斗努力を続け、北海道旧土人保護法改正案も氏の創案にか、るもの、而して之が議会通過せしめた。氏は十勝支庁から道庁社会係長を経て岩手県の部長に栄進したが、戦後追放の身となつて帯広に還り代書業を営み今日に至る。歳六十一健在、訪客に説教しながら鮮かに筆を揮う。老いて益々旺である。生れは内地。

アイヌ系日本人から〝昭和のコシャマイン〟とまで慕われた喜多氏をスッポリ消し去った北海道アイヌ協会の沿革には日本国に対する悪意がにじみ出ています。

ついでながら、このとき吉田氏と行動を共にした違星北斗氏は日常生活の細かなことまで伝える口承ユーカラに、土器の作り方が伝えられていないことを考えれば、アイヌは北海道の先住民族ではないと小樽新聞に寄稿しています（昭和二年十二月九日）。また道内で発見される土偶や石偶についても、アイヌが作ることはなく極端に嫌悪するとしています。「製作品に対する恐怖はカラフトに現住するギリヤークでもオロッコ人種でも共通の思想である」（同昭和三年一月五日）として擦文文化人やオホーツク文化人との違いを明らかにしています。

アイヌは擦文文化やオホーツク文化の継承者ではなく、むしろ擦文文化の破壊者・侵略者なのです。

アイヌ協会の設立者に関する記載も含めて、こうした発言が今はアイヌ差別として封殺されて、アイヌに関する学術論文までもが、まず初めに研究者自身が〝自分はアイヌを先住民族と認めています〟と宣言するような論考を紹介してから本論に入るという事態になっています。

第七章

アイヌを差別したのはアイヌ自身

北海道新聞による反道徳運動

令和二年七月十一日北海道新聞（資料10）は前日に引き続き萩生田光一文科相から〝アイヌ差別〟の一言を引き出そうと必死です。大臣の回答は、「差別という言葉でひとくくりにすることが、後世にアイヌ文化を継承していくためにいいかどうかは、ちょっと考えるところがある」と真っ当なものでした。これに対してアイヌ団体や人権団体の反発記事がその後連日紙面を賑わしましたが、ここまでアイヌの歴史を少しずつ学んできた読者の皆さんは、「差別という言葉でひとくくり」どころか〝保護という言葉でひとくくり〟にすべきだということがお判りでしょう。

第四章では北海道旧土人保護法に触れましたが、アイヌ自身が認めているように、アイヌは保護法に溺れて働くことを忘れてしまったのです。

私が子供のころ、奥さんはよく働くのですが、夫が昼間から酒を飲んで働かない家がありました。たまに酔って我が家にも立ち寄るのですが、冬場の暇なときは父母は湯飲みに一杯の酒を出して笑顔で話を聞いてやっていました。父母は何も言いませんでしたが、子供ながらに自然とその家には近づかなくなり、姉兄たちも同年代のその家の子供たちを敬遠していることがわかりました。

また、当時はサケの遡上は少なかったのですがサクラマスが遡上していましたので、それ

令和２（2020）年7月11日道新

第３種郵便物認可

アイヌ民族差別「価値観の違い」

文科相発言「認識浅い」反発も

萩生田光一文部科学相は10日の閣議後会見で、12日に開業するアイヌ文化復興拠点「民族共生象徴空間（ウポポイ）」（胆振管内白老町）でアイヌ民族への差別をどう伝えるか問われ「原住民と開拓する人の間で価値観の違いがきっとあったと思うが、それを差別という言葉でひとくくりにすることがアイヌ文化の伝承のためにいいかどうか、ちょっと考えるところがある」と述べた。国が主体的に差別の歴史を発信することにも消極姿勢を示し、アイヌ民族から疑問の声が上がった。萩生田氏は11日にウポポイの開園記念式典に出席する。（鈴木誠、斎藤佑樹、横田望）

萩生田光一
文科相

萩生田氏は、ウポポイについて「歴史に目隠しをするために施設をつくったわけではない」と説明。ただ、アイヌ民族への差別に関する発信については「仮に悲しい歴史があるとすれば」と前置きし、「（差別の歴史を）伝承する人が機会があれば施設で語り部をしたり、記録を残すことは大事だと思うので、それはそれで決して否定はしません」と述べた。

その上で、国としては「前向きにアイヌ文化の良さを広めていくことに努力したい」と述べて、文化の発信に注力する考えを強調した。

昨年9月に閣議決定されたアイヌ施策の基本方針では、アイヌ民族への差別と、それによる貧困を「厳粛に受け止めなければならない」と明記。ウポポイでも日本語を強要し、民族の風習を禁じた同化政策などの展示が予定されている。

白老アイヌ協会の山丸和幸理事長は「アイヌ民族にどういう歴史があったか、先人がどんな思いをしたかを含めて伝える施設のはず。国が正しい認識をしていないのは残念だ」と苦言。「（差別という）触れたくない歴史を隠すことは、ウポポイの来場者にプラスにはならない」と強調した。

アイヌ民族の権利回復を目指す少数民族懇談会の清水裕二会長（江別市在住）も「（同化政策は）抑圧にほかならず、価値観の違いで済まされるものではない。政府としての歴史認識の浅さの表れだ」として謝罪と訂正を求めた。

一方、北海道アイヌ協会の大川勝理事長は「私が小さいころは差別はいっぱいあったが、今はあまりないと思う。何事も対話が一番大事だ。国も国民理解のもとにアイヌ政策を進めていると考えている」と問題視しない考えを示した。

資料10　萩生田文科相記事（北海道新聞）

を突く大きなヤスを納屋に掛けている家もありました。河川に遡上するサケ・マスはもちろん禁漁です。家に帰ってその話をすると母親に、その家に遊びに行ってはいけないと厳しく叱られたことがあります。

五体満足でありながら働かない・昼間から酒を飲んでいる・平気で密漁する、こういう人たちが自分の近くにいた場合、よほど人物のできた人でもない限りまずは軽蔑の眼差しを向けるでしょう。これは差別ではなく軽蔑なのです。

『蝦夷島奇観』には「厠」の記載もありますが、松浦武四郎が『東蝦夷日誌』沙流貫気別《さるぬきべつ》において「土人は雪隠《せっちん》なくして、大木二本横たへ、其上《その》にて便することとなるが、爰《ここ》にて始めて雪隠を見たり」（ルビ筆者）と記しているところを見ると便所というものが定められていない場合が多かったようです。

明治三十一（一八九八）年当時アイヌについての聞き取り調査に以下のようにあるあります。

便所へ赴くに履物を禁ず。今も老人などは徒跣《はだし》なり。便をなしても尻を拭ふ事なし。便所を囲へとて、警察官が八ケ敷《やかましく》云へば尚ほ囲はぬなり（『アイヌ史資料集』ルビ筆者）

当時のアイヌには身体を清潔にする習慣がなく、皮膚病や伝染病が蔓延していたことが『北海道教育史』だけではなく朝日新聞記者菅原幸助著『現代のアイヌ』にも書かれ、赴任した教師たちは子供たちに入浴の習慣をつけるために風呂焚きまでしてアイヌの子供たちを迎えていたのです。しかも、嫌がる子供たちに入浴を強制したのではなく、初めて入浴させるまでに四年を要したという苦労話が北海道新聞（平成二十四年二月二十四日）にも紹介されていました。

人目を気にしないで大小便をする・トイレに行っても尻を拭かない・風呂に入らず体臭がひどい、こういう人たちが自分の近くにいた場合、よほど人物のできた人でもない限りまずは避けようとするでしょう。これも差別ではなく敬遠なのです。

現在のアイヌ団体はどうでしょうか。

＊河川に上るサケを刺し網で大量に密漁しておきながらアイヌ伝統行事に使うと開き直る。

＊アイヌ協会役員の公金着服を指摘されても返却しようともしない。

＊アイヌ協会が出す出版物に多くの嘘が書かれており指摘されても書き改めない。

＊ウポポイでは取材から逃げ回り館長以下が外部業者に変装して取材を妨害する。

＊昭和天皇や愛子内親王そして安倍首相の写真を焼いて芸術だとうそぶく〝あいちトリエンナーレ〟からの入れ知恵に従うようなスタッフを国立アイヌ民族博物館に雇い入れている。

こうしたことを指摘するとアイヌ団体や北海道新聞は〝差別だ〟といって言論を封殺しよ

うとします。

ここではっきりと言っておきますが、**彼らがやっていることは反差別運動ではなく反道徳運動**なのです。彼らの大きな声に惑わされてはなりません。

元朝日新聞記者が明かすアイヌ差別の実態

写真6は朝日新聞記者菅原幸助著『現代のアイヌ』に掲載されているものです。キャプションには、「シャモの夫をもって、幸福な家庭を築きたい、と願うコタンの娘たち。白老町で」とあります。本文を紹介します。

「アイヌがなぜ劣等感を持ち、差別を受けなければいけないのか」座談会や戸別訪問で話し合った。アイヌの青年たちは男女共に百％和人（本州人）と結婚することを望んでいた。ところが、近くに住んでいる本州人の青年男女は九五％までが「アイヌのひととは結婚したくない」と答え、「アイヌだからといって結婚をきらう必要はない。いい相手がいれば」と答えたのは、わずか三％だった。理由は「アイヌは貧しいから」と答えているが、根本的なものは、偏見にあると思われる。これに対してアイヌの青年たちは「むかしの古いアイヌが、マスコミに、観光に再現されていて、学校教育を受けた新しいアイヌをみるにも古いアイヌのイメージが残っているからだ」と、声をふるわせて嘆いていた。

アイヌ自身がアイヌを嫌っている、もしくは差別していることがよくわかる写真と文章です。

シャモの夫をもって、幸福な家庭を築きたい、と願うコタンの娘たち。白老町で。

写真6　アイヌ女性たち『現代のアイヌ』

アイヌの生まれである自分自身と、堕落退廃した同胞を最も嫌い最も悩み苦しんだのは知里真志保ではないでしょうか。彼は二度とも和人女性と結婚していますし、時に恩師である金田一京助に対してアイヌ（語）や自分の業績を利用しているという意味での批判的な発言をしています。さらにバチェラーに対しては、身の回りに「アイヌの見目うるわしい若い女性ばかりをピックアップ」して教育したために彼女たちはアイヌ青年を軽蔑しアイヌの男と結婚したがらなくなった、と批判しています。彼はバチェラーと、その養女になった八重子他の女性関係にも疑念をいだき姉の幸恵も十八歳の時バチェラーにいたずらされたと告発し、「バチェラーは、世評とはうらはらの、キリスト者には許せない不義漢」ともらしていたと言います。東大卒業後まもなく積極的に研究を始めたころの知里真志保は、中央官僚と親しく交流し前向きな言動も多かったのですが、藤本英夫著『知里真志保の生涯』にはやがて出自の壁を強く意識しだした彼の複雑な思いが様々な角度から紹介されています。

同書はアイヌ男性の知里真志保評を紹介しています。

彼の姉が、同じアイヌ系の家に嫁いだとき、婚家先の、口に入れ墨をしている祖母が反対した。少しでもアイヌの血を少なくするために、「もっと和人《シャモ》の血の多い娘をもらえ」と。彼は、「それで、和人がアイヌを研究するのは、おせっかいなことだ。アイヌの文化が大事だ、といいながら、それを研究する学者には、地位と名誉がつきまとっている。アイヌ文化が大事だから残す、といっても、それでは、日本文化には忘れられたものが一つもなく保存されているのか、と聞きたくなる。忘れるものがあっても、いまの生活には支障はない。知里先生までが、何もわざわざ自分たちのことをえぐりださなくても、いいいと思ったことがある」。

ウポポイ政策を推進した政治家・現にウポポイに働く人々、そしてウポポイを訪れるすべての人々にこのアイヌ青年の苦渋に満ちた言葉を噛みしめてもらいたいと思います。
（＊ここで皆さんのお詫びと訂正をいたします。以前の拙著やSNS上で嫁ぎ先の祖母に反対されたのは知里真志保の姉と記載し発言していましたが、これは誤りです。SNSや動画サイトで訂正していますが、ここに改めて訂正しお詫びします）

実際にアイヌ系日本人は、何よりも偏見・差別の大きな原因として、アイヌ系日本人を〝古いアイヌ〟に閉じ込めておこうとするマスコミ報道と観光業界、そしてアイヌ研究者を厳しく糾弾しているのです。

今話題の白老町のウポポイについても『現代のアイヌ』は先駆的な調査をしています。菅原記者の知り合いの白老アイヌ長老は「二人の息子を戦争で失い生活ができないために見世物になっているという」。以下は長老の言葉です。

ワシはね、こんなはずかしい商売はワシらの時代で終わりだ、若い者たちが、いやがっているから、観光アイヌになる奴がいなくなる。そうなれば観光コタンは自然になくなると思っていた。ところがね、ワシの考えは思いちがいだった。ワシらが観光コタンに姿をださなくとも、ニセ物アイヌ、つまりシャモがアイヌに化けて金もうけしようということになってきたんだね。

同じく白老町漁業協同組合常務理事野村義一氏（一九一四〜二〇〇八 後の北海道ウタリ協会理事長）の発言です。

アイヌの人たちは観光コタンをきらってよりつかない。そのコタンはさびれてゆくが、すぐ新しい観光コタンができるのです。観光事業家がやってきて、貧しいアイヌを他町村から集めてきては新しいコタンがつくられるのです。

そして、いよいよウポポイに決定的打撃を与える記載です。それは北海道庁が観光コタンを現在ウポポイのあるポロト沼に移住させ白老町の観光の目玉にしようという計画を発表したときのことです。

これにはコタンの青年たちもカンカンになって怒った。「北海道の役人までが、観光業者のお先棒をかついで、アイヌをむかしの姿に引きもどそうとしているのか！」。青年たちは観光コタンのポロト沼移転に反対運動をはじめた。……観光業者は「地元のアイヌが協力しなくとも結構です。生活の貧しいアイヌが日高の奥地にはたくさんいる。このひとたちを雇ってきて、立派な観光コタンをつくってみせます」と豪語している。

現在のウポポイそのものですね。白老に元々住んでいたアイヌ系日本人の意思とは全く逆に観光業者の思惑のままに事業が進められ、そこで働いているのはアイヌに化けたシャモやよそ者アイヌなのです。

現在ウポポイで行われている〝アイヌ文化の発信〟は、今まで〝観光アイヌ〟によって日本人の心に刻みつけられた偏見に、さらに先に述べたような軽蔑を加えるもの以外のなにものでもないのです。

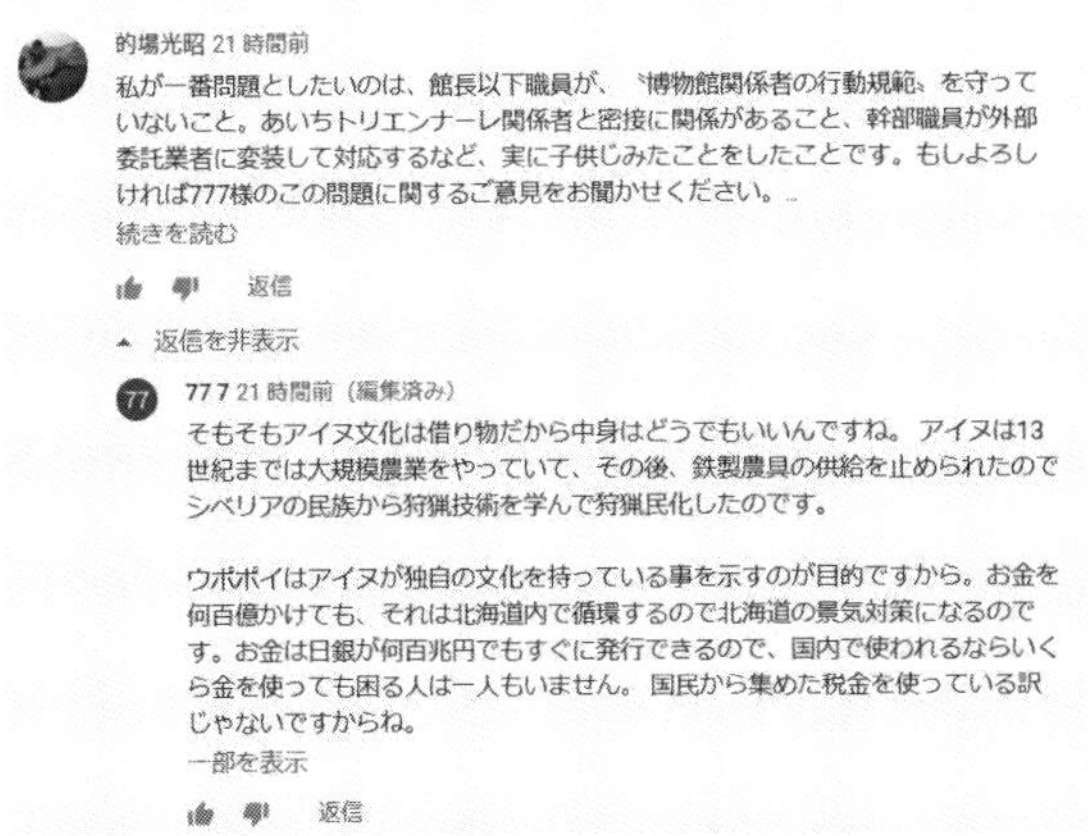
的場光昭 21 時間前
私が一番問題としたいのは、館長以下職員が、〝博物館関係者の行動規範〟を守っていないこと。あいちトリエンナーレ関係者と密接に関係があること、幹部職員が外部委託業者に変装して対応するなど、実に子供じみたことをしたことです。もしよろしければ777様のこの問題に関するご意見をお聞かせください。...
続きを読む
返信
返信を非表示
777 21 時間前（編集済み）
そもそもアイヌ文化は借り物だから中身はどうでもいいんですね。アイヌは13世紀までは大規模農業をやっていて、その後、鉄製農具の供給を止められたのでシベリアの民族から狩猟技術を学んで狩猟民化したのです。

ウポポイはアイヌが独自の文化を持っている事を示すのが目的ですから。お金を何百億かけても、それは北海道内で循環するので北海道の景気対策になるのです。お金は日銀が何百兆円でもすぐに発行できるので、国内で使われるならいくら金を使っても困る人は一人もいません。国民から集めた税金を使っている訳じゃないですからね。
一部を表示
返信

写真７　７７７さんの書き込み

『的場塾第九回』に寄せられた反論

中には偏見でもいい、「軽蔑でもかまわない、金になりさえすればいいのだ」というようなことを言ってくる、研究者（?）までいます。

写真7は私がyoutube『的場塾第九回』にアップしている〝ウポポイのチャンネル桜取材妨害〟について、激しくそして執拗に私を非難するコメントを寄せてきた〝777〟さんという、たいへんウポポ

イへの思い入れの深い方の私への最後の反論です（消されてもよいように証拠写真として切り取ったものを提示します）。777さんはDNA分析にも詳しい方であり、かつ学術論文なども豊富に入手できる立場ですので、大学研究機関もしくはウポポイのような国立博物館に在籍しておられる方ではないかと想像します。

私とのやり取りの中でDNA分析に関するものや、これに関連した論文を引用しながら私を論破しようとしましたが、私が一つ一つ丁寧に反論して追い詰めてゆくと、苦しい言い訳が始まったので、こちらからとどめの質問をすると見事に正体を現しました。

内容を紹介します。

的場光昭　私が一番問題としたいのは、館長以下職員が〝博物館関係者の行動規範〟を守っていないこと。あいちトリエンナーレ関係者と密接に関係があること、幹部職員が外部委託業者に変装して対応するなど、実に子供じみたことをしたことです。もしよろしければ777様のこの問題に関するご意見をお聞かせください。

777　そもそもアイヌ文化は借り物だから中身はどうでもいいんですね。アイヌは十三世紀までは大規模農業をやっていて、その後、鉄製農具の供給をとめられたのでシベリアの民族から狩猟技術を学んで狩猟民化したのです。

ウポポイはアイヌが独自の文化を持っている事を示すのが目的ですから。お金を何百億かけても、それは北海道内で循環するので北海道の景気対策になるのです。お金は日銀が何百億円でもすぐに発行できるので、国内で使われるならいくら金を使っても困る人は一人もいません。国民から集めた税金を使っているわけじゃないですからね。

ウポポイ関係者もしくはこれを支援する学者というのはこの程度のものなのです。今までに私は様々な方々から多くの反論やご批判をいただきました。単なる感情論ではなく論文や歴史書、さらには法令に基づいてご意見をくださる方には丁寧に論拠となる資料を添えて説明しています。指摘を受け明らかに当方が誤った場合にはすぐに訂正もしています。

アイヌ御用学者というのは、歴史的知識・科学的論考、経済学的考察、そして道徳的にもこの程度のレベルなのです。こうした人たちに日本国中がこの二十年間コロリと騙されてきました。

私は、基本的に悪人はいないという信念でしたが、十年以上もアイヌ先住民族論や反日石碑テロと闘っていると、腹黒く恥知らずな人間がこれほど多くなってしまったことに慨嘆を禁じ得ません。

いまアイヌ団体や御用学者たちは、徐々にアイヌ本来農耕民族説に持ってゆくことによって、縄文→続縄文→擦文→アイヌと連続しているという幻想を打ち立てようとしているのがよくわかる議論の結末ですので、あえて画像を添えて説明しました。

先日、北海道の遺跡調査に詳しい方とお話しする機会がありました。二〇〇〇年以降各地の遺跡発掘申請数が急に増えたため文化庁の対応が追い付かず、都道府県に丸投げしたということですが、都道府県も対応できず市町村に丸投げしたため、各地の学芸員が予算獲得のためや注目を集めるために、「God Hand」（埋蔵文化の捏造）まで駆使して報告書を書く者が現れたということです。

国土交通省や文部科学省はアイヌに対する政策や研究に対しては惜しみなく予算を出しますので、そうした流れに迎合する学芸員もあり、私の住んでいる旭川市の博物館員などは北海道新聞にデタラメといってもよいような連載をしていました。アイヌ団体はアイヌ文化の保存を口実に働きもしないで遊び暮らし、公金の不正取得や密漁をしても起訴されず、そして学芸員から大学教授に成りあがった御用学者たちは荒唐無稽なことを平気で言いまた活字にもしています。こうしたことも、アイヌに対する国民の軽蔑を招く大きな原因ではないかと心配しています。

アイヌの人たちも日本国民として日本の法律に従ってもらいたいし、学芸員や学者たちにも学問に携わる者としての矜持を取り戻してもらうことを切に願います。

第八章　同和手法を学んで利権を拡大

古くから同和団体と連携するアイヌ関係者

私がアイヌ団体と同和団体の関係について疑念を抱いたのはアイヌ先住民族国会決議がなされた平成二十（二〇〇八）年のことでした。北海道ウタリ協会に直接電話を入れて〝アイヌの定義〟を訪ねたところ、竹内渉事務局長（当時）が直接電話に出て丁寧に定義を教えてくれたことが強く印象に残りました。そのときの竹内氏の説明です。

アイヌの定義
アイヌの血を引くと確認された者、およびその家族・配偶者・子孫がアイヌである。また養子縁組などでアイヌの家族になった者も含まれるが、これは本人一代限りにおいてアイヌと認め同協会への入会が認められる。

その後、北海道新聞記事で竹内氏が同和出身であることを知って、なぜ同和関係者がアイヌ団体の事務局長なのかと思いましたが、北大経済学部出身ということで一応は納得していました。

ところが、東川や美瑛、猿払などに建てられようとした反日石碑建立阻止活動（詳しくは拙著『反日石碑テロとの闘い』参照）をしていると、共産党・アイヌ団体・朝鮮総連・韓国・中国・

同和が密接に連携していることがわかってきました。

そもそもアイヌと同和のつながりはいつ頃からあったのかというと、私の知る限りですが、これは平取町の二風谷《にぶたに》小学の穂坂徹校長が戦後になって奈良市で開かれた「同和教育研究全国大会」に出席したのが初めてのことだと思われます。その大会に出席して穂坂校長は、「アイヌはアメリカインディアンよりも悪く、黒人問題に近い」と発言したそうですが、なにぶんにも朝日新聞記者の書いたものですので判断は読者の良識にお任せします。そして、「本州の同和教育を進めている教育者たちと穂坂先生はがっしりと手をつないで、けわしい道を踏み進んでいるのだ」と結ばれています。菅原記者は日付を誤ったり記載しない場合が多いのではっきりしませんが、穂坂氏が参加したのは第十七回、昭和三十九（一九六四）年もしくは同四十年頃だと思われます。アメリカで黒人に対する差別撤廃をうたった公民権法が制定されたのが一九六四年ですので、穂坂氏の発言もしくは菅原記者の文章に大いに違和感を覚えます。

ちなみに、ウポポイの博物館に展示してあるイザベラ・バードの『日本奥地紀行』には明治十一年当時平取のアイヌについて、「アイヌの最低で最もひどい生活でも、世界の他の多くの原住民たちの生活よりは、相当に高度で、すぐれたものではある」と書かれています。

さらにバードは、「開拓使庁が彼らに好意を持っており、アイヌ人を被征服民族としての圧迫的な束縛から解放し、さらに彼らを人道的に正当に取り扱っていることは、例えばアメリカ政府が北米インディアンを取り扱っているよりもはるかにまさる、と私は心から思っている」としています。

バードははっきりと、政府がアイヌを「人道的に正当に扱っている」といっています。

もう一人、早くから同和との連携に尽力していた人物を紹介します。貝沢正氏（一九一二―一九九二、平取町議会議員・北海道ウタリ協会副理事長）は盛んに水平社の運動家たちと交流していました。

また『現代のアイヌ』を引用しましょう。


ある年、部落解放全国大会が大阪市でひらかれ、貝沢さんたちも招かれて出席した。

「北海道には部落民というのはないが、部落民よりもっと苦しんでいるアイヌがいる。みなさんの運動にアイヌの問題もいっしょに加えてください」

貝沢さんたちはこう訴えて、人間平等を力説した。

アイヌはどうかして、なくなってしまった方がいい。それがアイヌの幸福になる道だ！これはアイヌのひとたちの一致した意見だといっていい。しかし、これとは逆に「アイヌ民族がなくなるのは惜しいことだ。なんらかの方法でこの民族を保存することはできないか」という意見がシャモの、しかも有識者のなかに残っている。

当時のアイヌ青年たちは、アイヌとして生きさせられることに反発し、第二の知里真志保を育てようと奨学金が用意されましたが、これを「ボクたちは『アイヌではない、日本人だ』」ときっぱり断ったということです。

アイヌ新法によって始まるアイヌの自治体支配

本州の同和差別問題を解決しようと制定されたのが昭和四十四（一九六九）年に制定された同和対策事業特別措置法でした。この法律は昭和五十四（一九七九）年三月三十一日で効力を失う十年間の時限立法でした。しかし平成十四（二〇〇二）年に廃止されるまでに三十三年間で実に十五兆円の国費が投入されました。なぜ再三延長されたのかというと、地方自治体は同和対策事業の計画実行に必要な費用の八割を交付金として受け取ることができたからです。

巨額の補助金によって様々な利権構造が地方自治体や業界団体に構築されていったことは、最近ニュースになった関西電力高浜原発問題や、辻元清美衆議院議員との関係がマスコミに取り上げられ八十名以上の逮捕者を出して問題化している関西生コンなどだけではなく、平成十六（二〇〇四）年の狂牛病騒ぎのときのＢＳＥ（牛海綿状脳症、狂牛病）対策事業を悪用した牛肉偽装事件などをみれば明らかです。

昭和四十四年の同和対策事業特別措置法制定時に、北海道のアイヌもこの法律の対象にしてはどうかという国からの誘い対し、当時の町村金吾知事は、〝アイヌと部落問題は全く別である、アイヌは文明社会に遅れて参入してきた人々でありこれを文明社会に導きいれるための法律として北海道旧土人保護法があるのであって、差別問題として扱うべきではない〟と一蹴しています。

先にも述べましたが、同和対策事業特別措置法は平成十四（二〇〇二）年に廃止されました。それに先立つ九年前の平成五（一九九三）年、被差別部落出身の竹内渉氏が社団法人北海道ウタリ協会事務職員になっています。平成二十一（二〇〇九）年に出版された氏の著書に紹介されている略歴その他によると、昭和二十九（一九五四）年、埼玉県生まれ。昭和五十四（一九七九）年、北海道大学経済学部卒業。平成五（一九九三）年、社団法人北海道ウタリ協会事務局職員（平成二十年著者が、アイヌの定義について直接電話でお話しさせていただいたときには事務局長だったと記憶する）、現在北海道アイヌ協会事務局次長。

以上のことを踏まえながら、同和対策事業特別措置法と平成三十一（二〇一九）年の〝「アイヌの人々の誇りが尊重される社会を実現するための施策の推進に関する法律」（以下「アイヌ新法」）〟を見比べてみるとこの法律の目的がはっきりとわかります。

（交付金の交付等）

第十五条　国は、認定市町村に対し、認定アイヌ施策推進地域計画に基づく事業（第十条第二項第二号に規定するものに限る。）の実施に要する経費に充てるため、内閣府令で定めるところにより、予算の範囲内で、交付金を交付することができる。

2　前項の交付金を充てて行う事業に要する費用については、他の法令の規定に基づく国の負担若しくは補助又は交付金の交付は、当該規定にかかわらず、行わないものとする。

3　前二項に定めるもののほか、第一項の交付金の交付に関し必要な事項は、内閣府令で定める。

令和二年度からアイヌ関連事業を行う地方自治体に対して必要額の八割が交付金として出ます。同和対策事業特別措置法は再三延長されましたが、当初十年の時限立法でした。アイヌ新法には現在期限が明記されておりません。彼らの目的は「アイヌの人々の誇りが尊重される社会」ではなくて、実にこの補助金なのです。そもそも修学資金・免許取得・雇用職業訓練など様々な補助金をもらって、しかも不正をしながら返金もしないで、さらに自治体事業を隠れ蓑に補助金をむしり取ろうというような団体のどこに〝誇り〟を感じることができるでしょうか。

「アイヌの人々の誇りが尊重される社会」を望むなら、まず一生懸命働き、学んで日本国社会に貢献することが求められるのではないでしょうか。副理事長が二代続けて北朝鮮のチュチェ思想を日本に広げるための組織の幹部であり、しかもアイヌ関連予算の不正受給を指摘され、最大の支部である札幌市では補助金の分け前をめぐって内紛しているようでは、新法にどんなに美しい文言が並べられていようと、軽蔑こそすれ、「アイヌの人々の誇り」を尊重することなど無理というものです。

何度も言いますがこれは良識ある日本人の、不道徳に対する軽蔑なのであって差別ではありません。そして彼らが連携する反差別運動団体の本質は反道徳運動そのもの、もっと言えば社会秩序の破壊運動なのです。

チュチェ（主体）思想に汚染されたアイヌ協会が地方自治体を乗っ取る日

私は今から十三年前に〝アイヌ先住民族国会決議〟によって日本の歴史に取り返しのつかない汚点をのこしたこと、北方領土交渉に大きな不利益をもたらすこと、そしてアイヌ団体が様々な要求をエスカレートさせることを指摘しました。

それに対して国会決議の中心人物である鈴木宗男氏は私の懸念などは政治を知らない素人の戯言であると一蹴し（『月刊日本』）、また今津寛氏は沈黙したまま何の説明責任も果たさないままに政界を引退してしまいました。

私が警鐘を鳴らし続けた上の三つの問題は、不幸にもすべて現実のものになってしまいました。

私は次の十年間に何が起こるのか、声を大にして叫びたい気持ちでいっぱいです。

関西電力高浜原発問題が昨年大きな問題として取り上げられました。しかし、多くのテレビや新聞は関電役員を叩くばかりで、問題の本質には一切触れることはありませんでした。産経新聞や月刊誌・週刊誌、他の情報を総合すると、高浜町の元助役（故人）が先に述べた同和対策事業特別措置法を利用して様々な利権構造を構築し、町役場に不可解な経緯で職を得てやがて助役（現在の副町長）にまでのし上がり町政を牛耳っていたことがわかります。

これから、アイヌ協会についても同じことが行われようとしているのです。そして同和対策事業特別措置法よりもたちが悪いのは北海道アイヌ協会元副理事長をはじめ多くのメンバーが北朝鮮の金一族を首領と仰ぐチュチェ（主体）思想に汚染されているということです。

私が懸念するチュチェ思想による地方自治体乗っ取りは、白老のウポポイの二百億円にはじまって、今回のアイヌ新法十五条によって全道・全国の自治体に広がってゆくでしょう。

町が計画するアイヌ支援事業や文化保護事業には国から八割の予算がつきます。事業の計画の中心にはアイヌ協会から派遣された人物（A）がつくことになります。Aが事業の継続によって町に数千万単位の交付金をもたらします。町長も徐々にこのAに頭が上がらなくなり、Aを副町長に指名し議会もこれを承認します。Aはあくまでも選挙を経ない副町長のままでですが、町長が代わっても町の実権を握り続けることができるのです。

第九章　ウポポイ展示物のウソとデタラメ

差別を言い募って言論封殺する北海道新聞

資料11は令和二（二〇二〇）年九月三日北海道新聞社説です。

ウポポイ批判　根拠なきは認められぬ

……ネットには「偽アイヌ」「捏造のアイヌ文化」「アイヌ利権」と批判する投稿もあった。

根拠が不明で一方的に相手をおとしめる言葉は、いわれなき差別を助長する可能性があり、到底容認できない。（以下資料11参照）

前日九月二日の特集記事に続き社説でも同じ内容でダメを押すという念の入れようです。筆者のＳＮＳや動画サイト投稿に対する、反差別に名を借りた当てつけでしょう。私はすぐに以下のように反論しておきました。

Mituaki Matoba
9月3日 6:46 ・
プライバシー設定：公開

道新社説　令和2(2020)年9月3日

ウポポイ批判

根拠なきは認められぬ

胆振管内白老町に7月に開業した国のアイヌ文化復興拠点「民族共生象徴空間（ウポポイ）」とそこで働くアイヌ民族の職員に対し、インターネット上で心ない誹《ひ》謗《ぼう》中傷が相次いでいる。

ネットには「偽アイヌ」「捏《ねつ》造《ぞう》のアイヌ文化」などの表記や、ウポポイ整備を「アイヌ利権」と批判する投稿もあった。

根拠が不明で一方的に相手をおとしめる言葉は、いわれなき差別を助長する可能性があり、到底容認できない。

背景には先住民族アイヌの歴史への無理解があると考えられる。

昨年5月に施行したアイヌ施策推進法は、第4条でアイヌ民族に対する差別禁止を明記し、第5条は同法に基づいて施策を行う責務を国や自治体に課した。

ウポポイを運営するアイヌ民族文化財団（札幌）は、職員に対する差別的な発言への対応を検討中という。

批判された職員を守るのは当然で、間違った認識に対しきちんと見解を示すことも必要だろう。

国も含めて差別を許さない強い姿勢を取り、偏見を解消する対策を講じるべきだ。

ウポポイの開業を前に、現政権の閣僚の認識も問われた。

麻生太郎副総理兼財務相は「（日本は）2千年にわたって一つの民族」と発言。萩生田光一文部科学相は、アイヌ民族への差別を「価値観の違い」などと述べた。

これらの発言は明治以降の同化政策が多くのアイヌ民族を困窮させ、教育格差を生み、差別につながった歴史に目を閉ざしている。

政府の要職にある政治家によるこうした無理解に基づく言葉は、差別や憎悪をあおりかねない。政府を挙げていま一度、先住民族の歴史と向き合い、必要な政策を積極的に講じる姿勢が求められる。

ネットでは、ウポポイで働く舞踊家や作家が現代の要素を取り入れた演出、作品を「偽物」「捏造」などという中傷もあった。

オーストラリアの先住民族アボリジニは伝統舞踊を現代的にアレンジし、国際的な評価を受けているという。

「全ての伝統文化は変遷する。過去の形と同じではないから『偽物』と言うのはおかしい」。伝統とは何かを考える上で、神戸大大学院の窪田幸子教授（文化人類学）の言葉は参考になる。

これまでアイヌ民族に苦難と痛みを強いてきた負の歴史を、国民が直視する。それこそが「民族共生」に向けた一歩となる。

2020. 9. 3

資料11　北海道新聞社説

ウポポイ批判の根拠を示せといいますので……

＊コシャマインの乱について展示では「青年」となっているのにシアターで上映される動画では「少年」となっています。どちらかがウソですね。

＊東京の開拓使仮学校で「病死者が続出」となっていますが、実際は1名のみです。ウソですね。

＊「樺太アイヌ強制移住」となっていますが、これも希望者だけを移住させたものです。ウソですね。

＊明と「アイヌが朝貢貿易」とありますが、部族社会のアイヌは国家としてのまとまりがなく朝貢とは言えません。ウソですね。

＊アイヌが樺太付近で「元と数回に渡り交戦」とありますが、『元史』によれば2回でただ追い払われただけ。なんだか半島が日本からの独立戦争を戦った、というのと似ていますね。これもウソですね。

＊どこの博物館でも展示品の年代や入手場所はしっかりと示されていますが、これが無いというのは批判の根拠としては十分すぎる程十分ですね。

＊特定のマスコミに対して学芸員を一室に引き上げさせて居留守をつかい、代わりに室長以上の幹部が外部業者の法被を着て変装し〝担当者不在〟といって何を聞かれても答えるな、という指令、つまり来館者に対してウソをつけという命令が出されていたそう

ですが、これも批判の根拠というよりは、処罰の根拠として十分ですね。
＊国立博物館ともあろうものが、あいちトリエンナーレの指示通りにマスコミ対応していたとは、批判を通り越して呆れてしまいますね。
次に社説についてです。
＊上に根拠を示しましたので容認してくださいますね。
＊上のような対応をとった職員を批判してはいけないのでしょうか？
＊明治政府の同化政策についてですが、アイヌを平民として受け入れました。これにより多くのチハンケマチ（妾）、ウタレ（下僕）といわれた半奴隷身分のものたちが、酋長やその一族から解放されたのです。江戸時代には山丹貿易の商品として大陸に売られていたのですよ。（以下略）

歴史の捏造と時代も入手先も不明な展示物

筆者は令和二（二〇二〇）年八月一日ウポポイとその敷地にある国立アイヌ民俗博物館を訪れて、有名な〝OK印のマキリ〟だけではなく、その展示のデタラメに呆れてしまいました。先にあげた社説に対する反論でその展示内容は読者も想像できると思われますが、紙幅に限りがありますので、そのいくつかを挙げて説明しましょう。

資料12　チセの建て方『蝦夷生計図説』

1．まず〝伝統的コタン〟と名付けられたアイヌ住居群、特に奥の巨大な三棟はアイヌ伝統のチセとはおよそかけ離れた近代住宅の屋根と壁に茅を張り付けたまったくの偽物・誇大建造物です。本来、床は土間に茣蓙ですが、フローリングが張られ窓はアルミサッシなのですから話になりません。それだけではありません、チセの近くに設置されている消火設備は燃えやすい簀《す》の子をまいて覆い隠されており、アイヌ団体に遠慮して防火査察で見逃されているとすれば大きな問題と言えます。

2．建築中のチセですが、これも規模が実際の物より大きく、立派に足場を組んで屋根や梁《はり》も太くて丈夫な材質が使われています。アイヌの伝統文化では資料12（『蝦夷生計図説』）に見えるようにまず屋根を軽い材質で組んで、それを柱の上に担ぎ上げる方法がとられますので、規模もおのずから制限されます。

3．国立アイヌ民俗博物館入り口の消火設備には〝アペウㇱカワッカチヤイ〟というボックスがあります。その下に日本語で消火器、英語でFire Extingusher と併記されています。ウポポイ敷地内ではアイヌ語が公用語なのですべてアイヌ語表記するように心がけているそうです。アイヌの伝統文化に〝消火器〟があったのならば、わかりにくいという難はありますが、認めることもやぶさかではありません。しかし、消火器が普及したのは昭和になってから、しかも戦後のことです。アイヌ語にも、クスリやツグナイといった和語（借用語）が江戸時代から使われていたのですから、こうしたこじ付けはかえってアイヌ文化を貶めるものでしょう。

写真８　ウポポイの火災報知器

4．これは明らかに火災報知器ですが、〝アペウㇱカワッカチヤイ〟下に消火栓・Fire Hydrant と記載されています（写真8）。これは水が出る消火栓ではなく火災発生を知らせる火災報知器であってボタンを押しても水は出ません。アイヌ語表記に固執するあまりに日本語や英語の表記まで誤ってしまったお粗末極まりない一例です。

5．館内で紹介されているアイヌ伝統料理には米のほかジャガイモ・カボチャ・ニンジン・ゴボウ・長ネギなどちょっと首をかしげたくなるような材料が使われていました。ジャガイモは十七世紀にオランダがジャワから持ち込んだものとされています。カボチャは中米原産で十六世紀中ごろポルトガルが九州に持ち込んだのが始まりです。ニンジンの伝来も十六－十七世紀頃とされています。ゴボウは平安時代・長ネギ奈良時代と比較的古くから日本に伝わっていますのでこれはまだ認められるとしても、ジャガイモ・カボチャ・ニンジンはどうかと考えさせられます。そもそもアイヌの食事は一つの鍋と一つの器が伝統ですので、盆に複数の料理が盛られているというのがそもそも誤りです。

6.「舟に乗り海に出る人びと」として壁面に大きく投影されているのは函館中央図書館所蔵の『蝦夷島図説』（チッフ之部下）の〝舟中の具備りて海上を走る圖〟（資料4　61ページ参照）です。これはウポポイにも置かれて頒布されている小冊子『アイヌ民族～歴史と文化』（公益財団法人アイヌ民族文化財団）にも掲載されています。その説明には「イタオマチフ（板綴船）に乗り、アイヌの人たちは盛んに交易を行っていた」とあります。しかし、『蝦夷島図説』とあるように各々の絵には説明が付されているのですが内容はまったく別物です。そもそもこの舟は交易に使用されたものではなく漁舟です。拡大すると捕れた魚が描かれていることが分かります（資料5　61ページ参照）。本来の説明には、アイヌは舟を外洋には出さず岸伝いにしか舟を出さないと説明があります。また『蝦夷島奇観』には少し遠くへ出るときのための〝大舩圖〟が紹介されています。

こうした展示や冊子による歴史や学問の歪曲はアイヌ団体およびその学芸員や御用学者の言説ばかりではありません。

たとえば平成三十一年度文化庁文化芸術振興費補助金（地域文化財総合活用推進事業）の交付金を受けた『北海道の古代集落遺跡群』（編集・発行　北海道文化遺産活用活性化実行委員会）は日本語版だけでも七千部が印刷され各地の博物館や資料館に頒布されています。この冊子の内容があまりにもひどい、つまり擦文文化人をアイヌの直接の祖先としたり、樺太アイヌの祖先が擦文文化人が渡ったものだとしたり、オホーツク文化人がアイヌの祖先に同化したなど、とにかくアイヌを北海道の先住民族に仕立て上げようと、考古学や歴史学、最新のＤＮＡ分析による知見を全く無視したものになっています。

これを書いた北海道教育委員会文化財博物館課の西脇対名夫《つなお》補佐に電話で直接問い合わせました。私の質問に対して、「私はそう考えます」、「そう解釈しています」、「そう思っています」と糠に釘の対応に、ほかの共同執筆者をたずねると驚くべきことに彼が一人で書いたというのです。誰のチェックも受けずにこのようなデタラメを税金を使って垂れ流しているのです。資料を提供した各地の博物館や資料館の名前が裏表紙に協力機関として列記されていますが、公益財団法人アイヌ民族文化財団以外のまじめな学芸員は苦々しく思っている事でしょう。

内部事情に詳しい人の情報によると、北海道のアイヌや文化財担当部署責任者の人選が十年ほど前から非常に偏ったものになっており、教育行政や文化財保護行政が歪められて、さらに道から各市町村に推薦される学芸員のレベルが非常に低下しているとの情報を得ました。先に挙げた西脇対名夫補佐なども厚真町の常滑焼壺の発掘調査にも参加していたそうですが……、これ以上書くと情報提供者が特定されますのでこの辺で中断しておきます。

現在のアイヌや文化財をめぐる歴史改竄は全道庁の問題でもあるのです。当初はアイヌに対する助成金のばら撒き利権の部署だけだったものが、教育や文化財担当部署まで及んでしまったというのです。ほぼ全道庁がアイヌ利権に知らず知らずのうちにとりこまれ、公正なものであってもアイヌ団体の利権を損ねることは行われず、正しいものであってもアイヌ団体の主張にさからう内容の情報発信ができなくなってしまったというのです。

中国による土地の爆買いや留学生の送り込みといったサイレント・インヴェージョンが問題になっていますが、北海道庁内へのアイヌ団体によるサイレント・インヴェージョンが完成したということでしょう。

7.「1264　骨嵬《くぎ》（アイヌ）が樺太付近で元軍と数回に渡り交戦」

元史本記には世祖（二年三月・三年の十一月）の項にある「骨嵬國人襲殺吉裏迷部兵」（意訳:アイヌが黒竜江・樺太のニブヒを襲って殺す）と「征骨嵬。先是，吉裏迷内附，言其國東有骨嵬、亦裏於兩部，歳來侵疆，故往征之」（意訳：アイヌを征伐した。ニブヒがいうにはその国の東にアイヌとウィルタがいて侵入する、故にこれを征伐した）とあり、数度に渡り交戦などではなく、二度単に追い払われただけです（詳しくは拙著『アイヌ副読本「アイヌ民族：歴史と現在」を斬る』を参照）。

8．「1411　奴児干都司《ぬるがんとし》を置いた明と苦夷《くい》（アイヌ）が朝貢交易をする」

苦夷は明・清代のアイヌの呼び名です。桜井清彦著『アイヌ秘史』には「ギリヤークが樺太アイヌを呼んだ kuye(kui) の音訳」として、様々な文献をあげて「このように樺太には早くからアイヌが住み、さらには黒竜江下流地帯にも住んでいたらしいが、近世になると南樺太が中心になった。日本人との接触はこのころからであるが……」と続きます。つまり、アイヌは黒竜江下流域および樺太に住む部族でまとまった国家を形成していないことがわかります。その意味で「朝貢（中国の皇帝に対して周辺国の君主が貢物を捧げ、これに対して皇帝側が君主であることを認めるもの）」などではありません。

9．「1457　コシャマインの戦い　1456年、志濃里（函館）付近でマキリ（小刀）の出来を巡る言い争いの結果、和人の鍛冶屋がアイヌの青年を刺殺しました。……」

この展示を見たとき、私の十年以上にわたる苦労がようやく報われたと感激したものです（詳しくは過去の拙著をご覧ください）。以前は反日アイヌ本を数多く出している上村英明氏の「少年」を踏襲してあらゆる出版物が青年ではなく「少年」となってしまいました。

ところが博物館入り口のシアターで上映されている説明は「少年」のままなのです。録音を紹介します。

ここは函館市の東にあるシノリ館、かつての砦のあとで一四五七年、ここでアイヌと和人との大きな戦いがあった。

戦いの発端一年前のこと、アイヌの少年が頼んだ小刀の出来のいさかいで、少年が和人の鍛冶屋に殺されるという事件、これをきっかけに翌年コシャマインをリーダーとするアイヌと和人との間で戦いが始まります。この戦いで北海道の南部にあった館十か所が攻め落とされています。

そして戦いが二年目に入り和人が反撃、コシャマインが戦死して争いが終息した。


このように、展示とシアターでの説明に矛盾があるのです。博物館学芸員の悪意もしくはそのバカさ加減がよくわかる一例でしょう。

10. その他については過去に何度も拙著で取り上げていますので、簡単に項目を挙げて説明します。

・１６６９　シャクシャインの戦い

元はシャクシャインに敵対するオニビシとの部族間の争いで、これを仲裁したのが松前藩です。オニビシがシャクシャインにだまし討ちにされ、再度松前藩へ調停を求めに赴いたオニビシ派の使いが病歿したことを、松前藩に毒を盛られたと偽って宣伝しオニビシ派をも取り込んで、松前に向かって略奪虐殺を繰り返しながら攻め上りました。このときの犠牲者は商人婦女子を含めて二百七十三人（うち武士は三人ないし五人）、西蝦夷の犠牲者を加えると四百二十人以上です。また、本州の凶作で米価が高騰していたことにも触れられていません。

・１７８９　クナシリ・メナシの戦い

「場所請負人から、過酷な労働を強いられ、脅迫をうけたため、クナシリやメナシで和人に対して蜂起し、運上屋、商船などを次々に襲いました。……」。ところがシアターで上映されている説明は少し違っています。

それからおよそ百二十年後、ヨーロッパではフランス革命が起きた一七八九年、今度は道東地方のアイヌが蜂起した。

当時多くのアイヌが商人に雇われて漁場で働いていたが、賃金がとても安く、また使用人に脅されたり、毒を飲まされるなどのひどい扱いを受け、命まで脅かされる状態だった。

フランス革命への思い入れが伝わってきますが、「毒を飲まされるなどのひどい扱い」を受けたという記録はありません。この時の和人犠牲者は七十一人です。アイヌの首謀者三十七人は留守にしていた酋長ツキノエの帰りを待って処刑されています。そもそも酋長に相応の対価を支払って雇い入れている、いわば派遣労働者の健康を損ねるようなことをするはずがありません。

・１８１２　江戸幕府による借財解消とサンタン交易禁止

正しくは、文化四（一八〇七）年です。また交易を禁止したのではなく山丹人に騙されることのないように官立の交易窓口を設けて直接取引を禁じました。

・１８７２　東京の開拓使仮学校などに派遣するが病死者が続出する

病死者は一人のみです。

・１８７５　樺太千島交換条約による樺太アイヌ８４１名の強制移住

これも上村英明氏が捏造した強制連行が延々とアイヌ御用学者に引き継がれて今日に至っています。副読本もそうですが、ウポポイで頒布されている小冊子にも写真入りで「対雁に強制移住させられたサハリンアイヌの人たち」となっています（写真9）。しかもその出典が副読本同様「北海道大学附属図書館」だというのですから呆れてしまいます。北海道大学附属図書館のどこをどう探せばよいのでしょうか。とにかく、まともな国立博物館員のすることとは思われない非常に悪質な行為です。読者の皆さんにはここにはっきりと私が探し出した出典『新撰北海道史』の写真を示しておきます（写真10）。『新撰北海道史』の説明を見ましょう。（ルビ著者）

「第三十一図版　対雁《ついしかり》在留樺太土人」（右横説明）。

対雁に強制移住させられたサハリンアイヌの人たち
（北海道大学附属図書館蔵）

写真９　アイヌ民族博物館に置かれていた冊子

第三十一圖版　對雁在留樺太土人

一三四

明治八年、樺太、千島交換條約後、樺太の土人八百數十人歸化を望み、
開拓使は之を石狩川沿岸の對雁に置いて、農業敎授所、漁場等を與へ
篤く之を保護することゝした。圖はその一集團を表示せるもの。

写真10　同じ写真『新撰北海道史』

「明治八（一八七五）年、樺太・千島交換条約後、樺太の土人八百数十人帰化を望み、開拓使は之《これ》を石狩川沿岸の対雁に置いて、農業教授所、漁場等を与え、篤《あつ》く之を保護することとした。図はその一集団を表示せるもの。」

副読本と小冊子にある説明は悪質な捏造です。彼らは日本人としての〝帰化を望み〟樺太から北海道へ保護を求めて来たのです。

対雁における彼らへのあり余る保護については、拙著『アイヌ先住民族 その不都合な真実20』に詳述してありますが、この問題を最も詳しく、そしてわかりやすく公開しておられるのは森浩義氏のホームページ〝北海道開拓倶楽部〟です。森氏は『開拓使調書』『江別市史』『石狩町史』を詳細に調べて「開拓使が移住したアイヌに示した至れり尽くせりの厚遇」を現代の貨幣価値に換算して報告し、この時樺太から移住した山部安之助（一八六七―一九二三 明治四十三年に白瀬矗《のぶ》の日本初の南極探検に同行し、アイヌとして初めて勲八等瑞宝章を授かる）の手記を紹介しています。森氏は「不思議なのは、樺太アイヌは明治政府によって凄惨な迫害を受けたはずなのに、日露戦争では日本に協力し、南極探検にも協力していることです。……日本に激しい恨みを抱いていれば普通はロシアに協力したはずです」と疑問を投げかけています。

・1876　開拓使札幌本庁が危険さなどを理由に毒矢猟の禁止を布達……

資料 13　仕掛け弓『蝦夷島奇観』

アイヌは矢じりに毒を塗った仕掛け弓（アマクウ・アマッポ）を使用していました（資料13）。

明治政府はアイヌから様々な伝統を奪い去って〝文化的虐殺〟を行ったと非難されていますが、仕掛け弓アマッポもその一つです。明治十一（一八七八）年八月、北海道を訪れたイザベラ・バードは『日本奥地紀行』に次のように紹介しています。

> 日本政府が仕掛け矢を禁止したのは無理もないことだと思う。これがあるため旅行は安全でなかったし、さらに北方へ行けば、ここよりも狩猟者たちに対する監視の眼が届いていないから、今も旅行は危ない。この仕掛け矢は、大きな弓に毒矢をつけておき、弓

につけた綱の上を熊が歩けば直ちに熊に矢が突き刺さるように仕掛けてある。私は一軒の家に五十本も仕掛け矢があるのを見ている。

明治・大正・昭和を生き抜いたアイヌ女性砂沢クラさんの口述記『クスクップ　オルシペ私の一代の話』（北海道新聞社）には、明治三十六年頃、クラさんの叔父さんがこのアマッポにかかったときの様子を詳述しています。

小さいおじさんは、身の置き場がないように、ころげ回って苦しんでいました。ポロクエエカシの話では、おじさんは、エカシたちがかけたアマッポを見に行くといって、エカシたちが止めるのを振り切って走って行ったそうです。クマの仕掛けをかけた沢には、かけた本人しか入ってはいけないことになっているのに。

心配していると、小さいおじさんはアマッポの毒矢を足にさしたまま走って戻ってきたそうです。矢が骨までささっていて、自分では抜けなかったのです。

矢には沙流（日高地方）の人から分けてもらった猛毒が塗り込めてありました。……ポロクエエカシがマキリ（小刀）で肉を切り開き、骨にささっていた矢じりを取り出して、傷口から血を吸い出したのですが、血を口に含んだだけで、舌がしびれた、ということです。

結局クラさんの叔父は亡くなりました。バードも触れていますが明治九年、開拓使は毒矢の使用を禁止し猟銃を貸与し、取扱い方法を教示する布達を出していましたが、三十年近く経ても十分に守られていなかったようです。余談ながらこの猟銃の貸与がアイヌのエゾシカ乱獲の一因にもなったのです。

ウポポイ博物館の展示物の嘘は見学者に見破られてネット上に公開されて笑い物になっていますので、私は史実からみた嘘を明らかにしておくにとどめますが、この程度にしておきましょう。

ほとんどが撮影禁止になっている展示室がありますが、これは現在の工芸作家の作品展示場とのことでした。普通の博物館の展示物は寄贈や買い取り、さらには他の博物館と融通しあいながらテーマを決めた展示が一般的ですが、ウポポイの展示物はほとんどが現代作家からの買い取りや有料の借り受け作品で、中には今年になって京都の錺《かざり》金具屋から納入されたものまであります。さらに札幌市の主婦（和人）の趣味の会などで作られた作品も展示されているとのことでした。私が驚いたのは、アイヌ女性の首飾り（シトキ）に使われている真鍮の鏡が、開けられた穴と使われている紐が新しいので、ネットで調べるとネットオークションで二千五百円から二万円ほどで取引されているというお粗末さです。

結論として私がウポポイを実際に見て感じたことは〝アイヌ文化をかき消すのが目的〟の施設だという強い印象を受けました。

第十章　しばき隊がウポポイ職員の驚愕

ウポポイの博物館員にしばき隊が在籍

読者のみなさんは〝しばき隊〟をご存知でしょうか。正式名は「レイシストをしばき隊」と言うのだそうです。〝しばく〟というのは関西地方では殴る蹴るなど相手に暴力をふるうことを意味する不良言葉だそうです。平成二十五（二〇一三）年ころ野間易通らが中心になって、いわゆる右翼とされる人々を「しばきたい」ということから命名されたということです。自民党国会議員や安倍前首相の街頭演説に動員されて中指を立て叫んでいる人たちと言えば、皆さんも見たり聞いたりしたことがあるかもしれません。

私や小野寺まさる先生の講演会場などへも姿を見せて、抗議活動をしたことがありました。後継団体となる対レイシスト行動集団 C.R.A.C.（Counter-Racist Action Collective）は平成二十五年九月に発足しましたが、メンバーの日本人が加害者の在日韓国人メンバーらから暴行を受け全治三か月の重傷を負うという内部リンチ事件をおこしています。

問題なのは国立であるウポポイの博物館員としてこの四月から、自身の Twitter に〝I am しばき隊〟（令和二年一月十日）と投稿していたマーク・ウィンチェスター氏が在籍していることです。香山リカ氏も C.R.A.C. と行動を共にしてあの中指を立てる下品なポーズが広くネット上に拡散されています。香山氏は Twitter に〝旭川の A.F.M.A. の講演に来てくれた札幌アンティファァや東京から来てたマークさんとアイスクリームの名店「クローバー」さんへ…〟（平成二十八年五月二十九日）と投稿しています。

A.F.M.A. は旭川平和委員会の略称で主な活動内容としては、自衛隊基地反対、安保法案反対・憲法改正反対・沖縄米軍基地反対・オスプレイ反対・原発反対など、ほとんど共産党の下部機関のような団体です。

アンティファ（ANTIFA）は先にも紹介しましたが、一九七〇年代頃に毛沢東主義のドイツ共産主義者同盟によって結成されたということですので、共産主義系の組織ということが想像できます。最近になって中国の意を受けてアメリカの黒人暴動などを扇動し治安を乱しているとして、トランプ大統領が警戒を強めていることも報じられています。そしてこのアンティファがアイヌ団体と行動を共にしていることが、小野寺まさる先生の指摘で明らかになっています。

C.R.A.C. の下部組織として北海道に C.R.A.C.North という別動隊があります。以前、寿都町議会議員の発言問題では自分たちの出した公開質問状を議会で取り上げない場合は「海産物などの特産物の売り上げに影響がでるかも?」などという半ば脅迫のような書き込みをSNSにしています。

話はマーク・ウィンチェスター氏の Twitter に戻ります。

彼は令和元（二〇一九）年九月三十日に札幌市厚別区の区民ホールで開催され筆者も参加した〝アイヌ新法を問う討論会〟を報じる産経新聞を口汚く罵っています。

さらに、私がアイヌの先住性否定の根拠の一つとしている篠田謙一国立科学博物館副館長（当時）の北海道新聞（平成二十九年六月七日）の「オピニオン」の記事がよほど気に入らなかったと見えて次のようにツイートしています。

水曜討論「アイヌ遺骨研究 是非は」。植木哲也氏と篠田謙一。篠田謙一という害。先住民族の権利をガン無視。アイヌの利益を勝手に代弁する。他人のアイデンティティの基盤を勝手に決める。協会を代表扱い。地域性がわからなくなるよと脅かす。この男をアイヌ政策から外すのが早急な課題だ。

さらに続けて、以下のようにツイートしています。

篠田謙一はもはや分子人類学の既得権益さえ守っていない。こういう主張をするから、研究ができなくなる。

こういう人物が国立博物館の研究員として相応しくないことは明白でしょう。

第十一章　博物館の使命を放棄したウポポイ幹部たち

巻頭で紹介した、博物館職員に一斉送信された〝チャンネル桜の取材への対応〟について、非常に重要ですので章を改めて読者のみなさんと一緒に考えてみましょう。

情報提供者は勿論ウポポイ内部の人物であることを明言します。この人物は内部で行われている取材妨害を含む様々な不正を糺すために、勇気をふりしぼり、職を賭す覚悟で私に連絡を取ってくれました。

それでは内容に入りましょう。

あいちトリエンナーレとウポポイの結びつき

谷地田未緒 MioYachita
差出人：谷地田未緒 MioYatita<//////@nam.go.jp>
送信日時：２０２０年8月8日土曜日 9:01

まず、このメールを一斉送信した谷地田未緒氏ＡＦ（アソシエイト・フェロー）について簡単にふれておきましょう。

〝文化庁による「あいちトリエンナーレ２０１９」補助金交付取り消しに対する東京藝術大学教員有志の抗議声明（賛同者一同計八十二名、令和元年年十一月八日時点）」がネット上に公開されています。その中の「東京藝術大学教員有志一同」の一人に、谷地田未緒（大学院国際芸術創造研究科アートプロデュース専攻）として名前を確認することができます。また、内部者からの情報によると、来館者へ対応する立場でありながら国立博物館職員として相応しくない服装で館内を歩いているとのことです。管理責任者は国立機関として恥ずかしくない、そして来館者へ不快感を与えないように職員を指導すべきだと思います。

皆様
田村室長から本日のチャンネル桜の対応連絡が来ていますが、万が一遭遇してしまった場合、あるいは明日以降の対応として、田村室長承認の対応を共有します。
また、先日マークさんからブリーフィングのあったヘイトスピーチ対応マニュアルを念のため再添付します。アップデートが間に合っていないところもありますが、3ページ目の対応方法や、質問への答え方等、再度ご確認いただけましたら幸いです。

この対応を指導したのが、前章で国家機関の研究員として相応しくない活動歴を持つマーク・ウィンチェスター氏だったということがわかるでしょう。彼は国立機関へ就職してもいまだに姑息な反国家的活動から抜けきれない人物なのです。
チャンネル桜の来館取材がまるで大災難でもあるかのように「遭遇してしまった」などと

いう言葉を使っていることからも、館内の展示や日頃の研究への自信のなさと後ろめたさがわかります。

――展示室で「誰々（館長、スタッフ等）はいるか」、「誰々を出せ」というようなことを言われた場合の対応

↓一般職員の名前だった場合、「私は知りません」「私にはちょっとわかりません」「私はただの解説員なのでスタッフのことはわかりません」等と返答。（実際に知り合いである場合、執拗な場合等は、居るか居ないかは告げず「確認します」と答えて室長以上へ連絡）

＊過去あいちトリエンナーレの電凸では、責任のない立場である（アルバイトとか、言われてやっているとか）ことを伝えると興味を失うという傾向があるようです。詭弁も、「知らない」ふりをするのも手です。

知らないふり、嘘をつけという指示を館内に一斉送信する国立の組織が日本国に存在することに驚きを禁じえません。この問題は館長以下幹部職員の懲戒処分に十分値する内容です。先にも触れましたが、この内容、そして「……という傾向があるそうです」という言い回しから、あいちトリエンナーレとウポポイ幹部と連絡をとっていることがよくわかります。このような反国家集団に二百億もの税金を投入し、今後毎年三十億以上（令和三年度予算要求、

文科省十三億二千五百万円、国交省十七億九千二百万円）の予算が投入され、この一部が反日団体の活動資金へと還元されることは容易に想像がつきます。

外部業者に変装して取材拒否

以下最重要ポイントです。


当初、ウポポイ職員への取材を申し込んでいましたが業務多忙を理由にすべて断っています。

また、今回はとくに博物館の取材に力を入れるという情報もあります。

つきまして、館長、副館長、部長、事業課長と協議の末、次のような態勢をとります。

（フクシエンタープライズ古谷さんも了承済）

基本方針として
・取材に応じない
・（その場で）質問に答えない
1．桜チャンネル取材グループが入園（5番ゲート）するときに広報の西條さんに連絡が入る。それを石澤課長が受け、研究交流室ほかに知らせる。

2．その時点で、展示室はりつき要員の研究員・学芸員・AF・EDはすべて調査研究室に戻る。代わりに室長以上がハンテン着用で展示室監視（フクシエンタープライズ職員のふりをして、どの来館者からの質問にも一切答えない）。

4．「専門家を呼べ」となったときには本日は不在であると回答する。

文面から、この対応は田村将人室長が主導して、館長、副館長、部長、事業課長の幹部が了承したものと想像できます。先にも紹介しましたがフクシエンタープライズは展示室監視などを請け負っている外部業者です。

この文章を読むたびに何度も吹き出しそうになります。幹部職員が「フクシエンタープライズ職員のふりをして」対応するという子供じみた発想には呆れ果てます。この対応一つを以て教育の一環として行われる修学旅行の見学コースから外すに十分な理由と考えます。

『博物館関係者の行動規範』から見たウポポイの評価

ここでは財団法人日本博物館協会が出している「博物館関係者の行動規範」（平成二十四年七月）に照らして、国立アイヌ民俗博物館のチャンネル桜への対応や職務内容は許されるものなのかどうかを少し細かく検討します。

列挙されている**博物館の目的と原則**を紹介します。私の評価を、合格を○、不合格を×で示します。

1. **学術と文化の継承・発展・創造と教育普及を通じ、人類と社会に貢献する。** ×
理由：先人が究明した学術や、アイヌ文化の正しい継承がなされていない。

2. **人類共通の財産である資料及び資料にかかわる環境の多面的価値を尊重する。** ×
理由：資料の出所や年代の表示もないままの展示で価値を未来に継承できない。

3. **設置目的や使命を達成するため、人的、物的、財源的な基盤を確保する。** ×
理由：館長以下嘘や変装を平気で押し通そうとする、多くが卑劣な人間の集まりである。

4. **使命に基づく方針と目標を定めて活動し、成果を評価し、改善を図る。** ×
理由：質問に答えない対応はその使命である教育普及とは相容れない。

5. **体系的にコレクションを形成し、良好な状態で次世代に引き継ぐ。** ×
理由：錺《かざり》金具屋から買ったばかりの首飾りや、OK印のマキリ等雑貨屋レベルである。

6. **調査研究に裏付けられた活動によって、社会から信頼を得る。** ×
理由：先人の調査研究を無視したイデオロギーと身勝手な創作展示ばかりである。

7. **展示や教育普及を通じ、新たな価値を創造する。** ×
理由：実際には取材を拒否し、来館者の単純な質問にも回答をしない（実際に筆者も質問をしてみたがまともな回答は得られなかった）。

8. その活動の充実・発展のため、専門的力量の向上に努める。✕
理由：展示の誤りを見ると古文書をまともに読む力もないことがわかる。

9. 関連機関や地域と連携・協力して、総合的な力を高める。✕
理由：道内各地の博物館などとの連携がほとんど見られない。

10. 関連する法規や規範、倫理を理解し、遵守する。✕
理由：嘘が展示され、職員も嘘や変装を恥じることもない。

次に、**博物館関係者の行動規範**を紹介し同じく評価を加えます。

1. 博物館の公共性と未来への責任を自覚して、学術と文化の継承・発展・創造のために活動する。✕
理由：博物館は利用したい、利用する可能性のある人々へ開かれた場所という自覚がない。

2. 資料の多面的な価値を尊重し、敬意をもって扱い、資料にかかわる人々の多様な価値観と権利に配慮して活動する。✕
理由：資料の入手に関する情報、時代、地域などの表示がほとんどないし説明もない。

3. 博物館の設置者は博物館が使命を達成し、公益性を高めるよう…、収蔵品の安全確保を図る。✕

理由：公益性に対する自覚の欠除そして防火・消火設備が外見やアイヌ語表示に拘り過ぎてわかりにくい。

4. **博物館の使命や方針・目標を理解し目標達成のために最大限の努力を行い、評価と改善に参画する。以下略×**

理由：他からの評価を許さないイデオロギー達成の館と化している。

5. **資料を過去から現在、未来へと橋渡しすることを社会から託された責務と自覚し、収集・保存に取組む。×**

理由：過去からの収蔵品が乏しい。入手経路などが不明で未来への橋渡しが不可能。多くの展示品がリースと考えられるが、この項目の注に〝正当な手続き〟として「**博物館への所有権の移転手続きを確実に行う必要がある。……購入金額の妥当性を確保するために、専門家からなる諮問機関を設置することが推奨される**」としている。

6. **省略**

7. **博物館が蓄積した資料や情報を人類共通の財産として展示や教育普及活動など様々な機会を捉えて、広く人々と分かち合い新たな価値の創造に努める。×**

理由：取材拒否にみるように、博物館が所蔵する資料や情報は公開されなければならないという自覚がない。

8. **省略**

9. 人々や地域社会に働きかけ、他の機関等と対話・連携して博物館の総合力を高める。

×

理由：対話について「利用者、潜在利用者の全ての人々と対話する」との補足があるが守られていない。

10. 省略

以上で明らかなように、ウポポイにある国立アイヌ民族博物館は博物館としての体をなしておらず、税金の無駄であり早急に閉鎖もしくはテーマパーク業者への売却を考えるべきである。

第十二章　小中学生をウポポイへ強制連行

コロナ禍に出された北海道教育庁の通達

北海道では、国道の道路状況を表示する電光掲示板がウポポイの七月十二日開業を伝える表示一色に塗り替えられてしまいました。道北から道東へ抜ける国道では工事による通行止めの知らせを報ずることなく、「ウポポイ7月12日開業」を表示し続け、工事業者が道路わきに設置した小さな立看板を見逃したドライバーやツーリング中のライダーが突然の行止まりに慌てて民家の引き込み道路を使ってのUターンに混乱していました（筆者もその一人）。

ウポポイの宣伝は国道の表示にとどまらず、ＪＲ駅構内や車両・道の駅、各地の資料館・博物館などに大きなポスターやロゴマークが張り巡らされ、北海道新聞には連日特集が組まれ全面広告が何度も掲載されています。こうした広告に国土交通省は三十八億円を投入しました。

ウポポイは本来四月開業を予定していましたが、武漢肺炎（新型コロナ）の影響で開業が再三延期され、感染拡大による外国人や本州からの観光客が望めなくなり当初の集客目標である百万人が達成できないとなると、国交省の焦りに忖度した鈴木北海道知事は北海道教育庁に修学旅行生を動員するよう要請したようです。

令和二（二〇二〇）年六月十二日付けで北海道教育庁から出された「令和2年度における小・中学校等の修学旅行等について（通知）」という通達をもう一度ご覧ください（資料3　55ペー

ジ）。

内容はズバリ〝ウポポイへの強制連行〟です。

感染リスクを回避するために日程や行き先を検討せよ、行き先における3密（密閉・密集・密接）回避を徹底せよとしながら〝**「ウポポイ」を含め**〟と各学校の検討を許さない内容です。

しかもこの時点で、北海道の感染者発生は札幌・小樽・千歳などの道央圏にほぼ限局されてました。特にウポポイのある白老町の隣千歳市では連日医療機関のクラスターで多くの感染者が発生しており、子供たちを危険にさらす可能性が非常に高い情況でした。

北海道教育庁の指示によって道内の各小中学校は、ウポポイをコースに入れるため日程の調整がつかず混乱していると、旭川市内の教師から情報がよせられ、私が学校医を務める愛別中学校の校長を訪ねてみると十一月末に予定されているという異常事態でした。

インフルエンザ流行期の十一月に道央圏への修学旅行などは、とても常識では考えられません。私は七月二十一日付でただちに行き先変更を教育長に要望し、できれば現場の混乱を道庁にも知らせるように要請しましたが、なかなか良い返事が得られず、しびれを切らしてさらに文書で回答を求めました。

令和2年7月28日

愛別町教育委員会

教育長　大山　一成　様

国民健康保険愛別町立診療所
所　長　的　場　光　昭

コロナ禍における修学旅行の実施に関する要請

先に提出した要望書に関する明確な回答が未だ届いておりません。

巷間 Go To キャンペーンなどというコロナ感染防止対策と逆行する政策が推進され、感染蔓延地域の首都圏及び関西、さらには九州からの来道者が増加傾向にあります。特にウポポイを中心とする道央圏は修学旅行だけではなく多くの観光客が訪れることは想像に難くありません。現在北海道の感染状況は札幌市を中心とした地域に限定していますが、ここに全道から感染しても症状の出ない場合が多い子供たちを集めることは、地方に感染を拡散させる危険性が非常に大きいものと考えます。

私は、町立愛別小学校・中学校の学校医として以下の提言をいたします。

1．修学旅行の行く先は道央圏を避ける（道央圏では現在も感染者が出続けており、夏の観光シーズンで今後さらなる増加が予想される）。

2．インフルエンザ流行期にはいる10月半ば以降の日程は避ける（発熱・風邪症状への事前対応として、コロナ感染チェックリストに集団行動や感染地域への出入りの有無があり、生徒本人はもとより家族に対してもコロナ感染を前提とした対応が必要になる）。
3．旅行中のエレベータ使用、自動販売機使用は極力避けるよう指導する。
4．旅行前および旅行中、生徒各自に手指消毒指導を徹底する。

上の要請が受け入れられない場合は、以下の理由で町民の健康を守る責任を全うできないため、学校医を辞退します。
1．生徒の健康に対する適切な助言は学校医の重要な職務である。
2．町内3老人施設に、回診を含め私自身および診療所職員が出入りし、また入所者が定期的に受診している。こうした重症化リスクの高い老人への感染を防ぐ必要がある。
3．職員に感染者が出た場合、一定期間の診療所閉鎖も想定され慢性疾患をかかえる多くの町民への影響が憂慮される。
4．昨日の診療所運営会議でも議題になったが、感染が疑われる患者が受診した場合、防護服の着脱に30分を要し通常の診療ができなくなる。また防護服およびその廃棄費用が一回につき約5千円との試算が提示され、コロナ禍で収入が落ちている診療所経営をさらに圧迫する。

以上の要請に対して、8月3日（月）までに回答を求めます。

私が診療所長をつとめる愛別町は、令和二年二月のNHK七時の全国のトップニュースでスクールバス運転手の新型コロナ肺炎発症が大きく報じられた町です。

私は町と所管の上川保健所・上川教育局の決定をひっくり返して、家族説明会の中止をはじめ、町民へのマスク配布・電話診療・医療法違反は承知の上で交通手段のない独居老人への定期薬の町職員による宅配・町民への外出抑制（特に町外への不要不急の移動禁止）など徹底した感染拡大防止策を行い一定の成果があったものと自負しています。

愛別町は私の郷里であり町長はじめ町役が幼なじみであったこと、私の祖父母、父母そして兄夫婦も郷里にあってよく町民の信頼を得ていたことなどで、反発もなく町民が私の指示に従ってくれました。

さらに日本会議北海道本部の中濱勝彦氏が町民のほとんどに行き渡るだけの大量のマスクを札幌から夜中にも関わらず届けてくれたことには感謝しても感謝しきれるものではありません。

さて、現場がたった一人の感染者発生にもこれだけの緊張感で対応し、現在もその緊張を強いられている中にあって、知事や教育庁の弛みかた、そして小中学生を実験台にした感染拡大実験ともいうべきウポポイへの強制連行は断じて許すことができません。

幸いにも町は私の提案を受け入れ、小中学生の修学旅行は道北・道東方面へ変更されつつがなく行程を終了しました。

道北・道東方面には旧石器時代から縄文・続縄文・オホーツク文化・擦文文化およびそれに影響を与え続けていた和文化の遺跡や埋蔵物を展示する博物館・資料館がたくさんあります。阿部一司前北海道アイヌ協会副理事長が「ウポポイはアイヌのテーマパーク」と言っていましたが、ディズニーランドよりも伝統の浅いテーマパークなどに税金を使って子供たちを強制連行するのは意味がないどころか、子供たちの歴史に対する畏敬の念を打ち砕く有害旅行以外の何物でもありません。

道民はもちろんですが、コロナが終息して道外から訪れる方々もぜひ政治色のない道北・道東の遺跡や博物館を訪ねて太古から連綿と営まれた人々の生活への畏敬の念に打ち震えてみてください。

第十三章　先住民族を侵略したアイヌ

この章では〝アイヌは北海道の先住民族ではない〟ということを、考古学・歴史学・文化人類学・遺伝学からまとめておきます。

考古学からみたアイヌ――擦文文化とアイヌ文化との断絶

アイヌが北海道に来る前の六世紀から十三世紀（古墳時代から鎌倉時代後半）、和文化と交流しながら北海道には擦文文化が発達しました。

考古学的に明らかになっている擦文文化時代の特徴を列記します。

＊本州土師器《はじき》に影響を受けたと考えられる刷毛でなぞった擦文土器。

＊本州との交流で須恵器《すえき》の流入と使用（十世紀ころ）。

＊竪穴式住居と竈《かまど》の使用。

＊河川での漁労を主に、狩猟と麦、粟、稷《きび》、蕎麦、稗《ひえ》、豆などの栽培。

＊鉄器の使用（鍛冶技術）：小刀・斧・刀・装身具・鏃・釣針・銛・縫針。

＊銅鏡や銅銭の流通：奈良時代の銅銭「神功開宝」（七六五年発行）が知床半島沿岸のチャシコツ岬上遺跡（オホーツク文化圏で擦文文化圏を経由したと考えられている）で出土。

＊オホーツク沿岸の枝幸町では八～九世紀ころの正倉院御物と同様の形式の刀が発見され、威信財としての蕨手刀が各地で出ていることから大和朝廷との交流が示唆される。

＊古墳文化（独特の墓制）墓を大切にする。
アイヌ文化の特徴を擦文文化と対比して列記します。
＊土器は樺太で収集された分厚い内耳土器（鎌倉初期まで本州でも用いられていた）で、ほとんど作成した痕跡がない。違星北斗は細々とした日常まで歌い上げるユーカラに土器の製作が歌われていないことからアイヌは北海道の先住民族ではないとしている。
＊各地の博物館を巡ってみるとアイヌ遺跡から出るのは、うわぐすりをかけた新しい陶器ばかりである。
＊チセといわれる掘立柱住居と囲炉裏《いろり》。
＊狩猟による獲物の交易・採集中心で農耕はほとんどしていない（土を掘ることを忌む独特の文化）。
＊鉄器は殆どが和製。宗谷・樺太・平取で鍛冶技術がみられたが簡単な加工のみ。
＊銅鏡は見られるが、銅銭の流通はなく物々交換。
＊葬制：チセを焼き払う。
＊墓制：アイヌは土を掘ることを忌むため浅く小さな墓穴。墓を嫌う、いわゆる捨て墓。
独特の文化を築き上げるためには定住が重要な要素になってきます。特に考古学で最も重要視されているのがお墓の作り方です。亡くなった人たちが築《きず》き上げた社会の継承《けいしょう》と再生への誓《ちか》いを読み取ることができるからです。また人々の信仰・儀礼だけではなく集団の大きさ

や技術レベル、さらには交易の広がりと社会的つながりまで知ることができるのです。アイヌに擦文文化の墓制《ぼせい》がまったく継承されないということは集団文化の断絶、つまり破壊を意味します。アイヌの葬礼や墓制はオホーツク文化人や擦文文化人のものとは似ても似つかぬまったく異なったものです。つまりアイヌはこれらの人びとの後から来て、徹底的《てっていてき》にその社会制度や宗教性を否定して自分たちのやりかたを押《お》し付けたということがわかります。

つまり、アイヌは考古学的には先住民族ではなく、侵略者なのです。

歴史学から見た擦文文化とアイヌ

『日本書紀』の斉明天皇四（六五八）・五両年以降の記載から、七世紀中ごろには盛んに交易し現在の北海道後志《しりべし》に行政府がおかれていました。

『続日本紀』元正天皇（養老二〈七一八〉年）秋八月十四日　出羽《でわ》と渡島《わたりのしま》（北海道）の蝦夷《えみし》八十七人が入京し、馬千疋を貢上。よって位と禄を授けました。

『延喜式』延喜五（九〇五）年　陸奥・出羽の国司がアシカ・アザラシ・ヒグマの毛皮・昆布の上納を義務付け。

保延元（一一三五）年　函館市に船霊神社創立。

建久二（一一九一）年　強盗十名、蝦夷島流罪。

建保四（一二一六）年　海賊五十余名を蝦夷島に追放。

建保五（一二一七）年　北条義時が安藤太郎堯秀を蝦夷管領に任命。

延文元（一三五六）年『諏訪大明神絵詞』に「渡党」として北海道の定住和人集団の記載がありここにいたって初めてアイヌと思われる歴史的記載が現れます。

西尾市立図書館が公開している『諏訪大明神絵詞』の該当部分を紹介します。

蝦夷カ千嶋ト云ヘルハ我國ノ東北ニ當テ大海ノ中央ニアリ日ノモト唐子渡党此三類各三百三十三ノ嶋ニ群居セリト　一嶋ハ渡党ニ混ス　其内ニ宇曾利鶴子州と萬堂宇満犬ト云小嶋トモアリ
此種類ハ多ク奥州津軽外ノ浜ニ往来交易ス……
日ノ本唐子二類ハ其地外国ニ連テ、形體夜叉ノ如ク変化無窮ナリ　人倫禽獣魚肉ヲ食トシテ五穀ノ農耕ヲ知ス　九譯ヲ重ヌトモ語話ヲ通シ竪シ
渡党ハ和国ノ人ニ相類セリ　但鬚髪多シテ遍身ニ毛ヲ生セリ　言語俚野也ト云トモ大半ハ相通ス

現代語訳
蝦夷が千島というのは我が国の東北の大海の真ん中にある。〝日ノモト〟〝唐子〟〝渡

党〟の三類が各々三百三十三の部落として住んでいる。渡党の中に宇曾利鶴子州（今の函館の古名）と萬堂宇満犬（松前の古名）という小部落もある。この人たちは奥州津軽の外ヶ浜と往来している。

日ノ本・唐子の二種は住んでいるところが外国に連なって、形態は夜叉のごとくでさまざまである。人々は獣や魚を食べて、五穀農耕は知らない。様々に通訳を介しても言葉が通じない。

渡党は和国の人と似ているが髭や髪の毛が多く体毛も生えている。言葉は田舎言葉だがよく通じる。

※注1．嶋はいわゆる島嶼のことではなく、部族あるいは部落のこと。

2．〟日ノ本〟はアイヌ語のチュプカ（日の出を意味し得撫《うるっぷ》島以東の島々に用いたとされる）

3．〟唐子〟は樺太の原住民ウィルタという。アイヌとは言語習俗も違ったのだろう。

つまり、ここでいう渡党は擦文文化人の後裔もしくは本州と盛んに行き来していた人たちと考えるのが合理的なのです。高倉新一郎や金田一京助などの文献、特に金田一の文献はアイヌ語研究で名声を得ているだけに日ノ本・唐子を日高アイヌ・樺太アイヌとしています。

文化人類学から見た擦文文化人とアイヌ

北海道のオホーツク海沿岸を中心に東は国後島、南は奥尻島、北は樺太全域に、続縄文時代後期から擦文文化期後期にかけて、大規模な竪穴住居・貼り付け文様土器・死者の頭部に甕を被せる独特の葬制（写真2　41ページ参照）を持つ海洋狩猟民族によるオホーツク文化が発達しましたが北海道では徐々に擦文文化に融合吸収されてゆきました（表2　52ページ参照）。

文化人類学が最も注目するのは葬制や墓制です。それは先にも述べましたが、父母や祖先の文化を現在そして未来へと引き継ぐ意志と覚悟が込められているからです。日本では定住が始まると間もなく縄文時代から擦文文化時代の古墳群をはじめとした様々な埋葬文化遺跡が残され、現在へと継承されています。

しかし、漁猟民族であるアイヌは基本的に定住を前提とした文化を持ちませんでした。アイヌの住居は小規模な掘立柱に囲炉裏を基本とした簡単なもので、祖先の墓を祭ることもありません。早くから和文化と接した伊達地方では仏教の布教によって、また江戸幕府や明治政府が死体を浅く埋めて犬が掘り返すのを防ぐために墓所を一か所に定めるなどの教化によって次第に現在のように祖先を大切にする習慣が身についたのです。

次に、アイヌの最も大切な祭祀とされるクマ送りですが、シベリアや北米大陸の少数民族にもみられますが、子熊を育てて送る風習はアムール川河口の少数民族とアイヌにしかみられないとされています。しかしこれについては、オホーツク文化人が残した遺跡に三才以下の子熊の頭骨がみられないことから、オホーツク文化人も子熊を育てて送ったのではないかという意見もありますが、三歳までヒグマを育てるのはやや困難のような気がします。むしろ三歳以下はクマ送りの対象にならず処分されていたと考えるべきかもしれません。

また、縄文時代から擦文文化期（オホーツク文化期）には様々な土偶や石偶、動物の彫刻などが作られましたが、違星北斗が指摘するようにアイヌはこうした行為が悪霊を寄せ付ける忌むべきものとしていたために残されていません。文字も悪霊が宿るものとして、明治になってもアイヌ父兄は子供たちを学校に行かせることを嫌ったことが記録に残っています。

アイヌの国造り神話は地域によって異なり、北海道への移住時期の違いや和文化との接触時期などが影響しているものと思われます。松本信広著『日本神話の研究』（平凡社東洋文庫）にアイヌ説話はシベリアの古アジア族の民間伝承に類似するものが多いとされています。ネフスキー著『月と不死』（平凡社東洋文庫）にもトラが歌われているユーカラが紹介されています。一方で『日本神話の研究』には、オキクルミと天照大御神の〝神を祭る神〟という意味での類似、アイヌラックル説話と天鈿女命の類似、アイヌラックル説話と豊玉姫伝説の共通点などが紹介されており和文化がおそらくは擦文文化を介してアイヌ文化に与えた影響が示唆されています。さらに高木敏雄著・大林太良編：『日本神話伝説の研究』（平凡社東洋文庫）

には浦島伝説に似た話もありこうなるとはたしてアイヌ独自の文化というものは何なのかと頭が混乱してしまいます。

アイヌ女性の入れ墨について

女性の口元の入れ墨に触れた我が国最初の文献は私の知る限り『和漢三才図絵』（平凡社東洋文庫）に、「鴨緑江の源、古の粛慎《みしはせ》の地……女真人で彼等と婚を通じたものもまた口に入墨をしている」とあります。鴨緑江の源は中朝国境白頭山ですから、口元に入れ墨をした部族がこのあたりに居たということです。この由来は縄文人の祖先と考えられるD系統が大陸に残存したものと考えられます（詳しくは『科学的〝アイヌ先住民族〟否定論』参照）。

アイヌが使うマキリは元々奥州言葉で、本来のアイヌ語ではタムと言われていました。江戸期の朝鮮語ではタムタオと言い、大陸の言葉に由来するとされています。また弓をクーと言いますが、ニブヒはクン、支那音もクングであり、口元の入れ墨由来と一致します（藤原相之助著『日本先住民族史』）。

次に、アイヌ女性の手の入れ墨について『蝦夷島奇観』の女夷文手図（資料14）を借りて説明します。

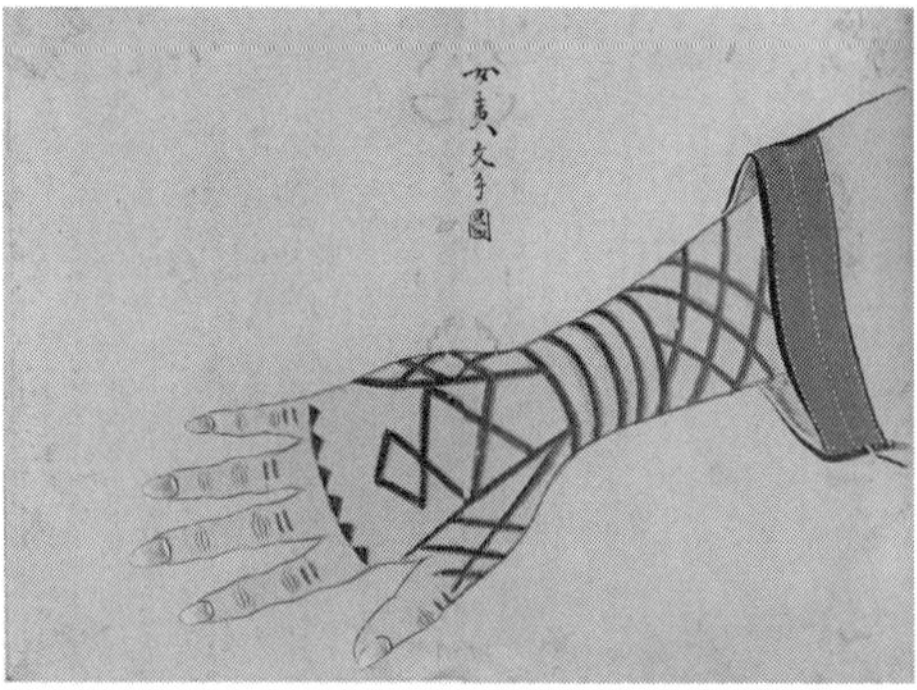

資料14　アイヌの入れ墨『蝦夷島奇観』

現代語

アイヌの言い伝えに、その昔コッチヤカモイという神があった。身長は一二〇cmぐらいで手が長い神で所々に住んでいた。この神は漁猟にすぐれていて、土の家に住みアイヌに魚や獣の肉を窓から与えてくれた。そこでその漁猟の術を学ぼうと近寄れば教えずアイヌを嫌ってこの地を去ってしまった。この神の夫人はきわめて美人で、手にいろいろの模様があったので、アイヌ女はそれを真似ていまにいたるまで入れ墨をする、という古老の伝説である。この神の住んでいた跡が所々にあり、その土中から陶器の砕けたものや玉など種々の宝物がでることもあると、ノツカマップの酋長シヨンゴが語った。

日本紀神武天皇己未年二月條下に「日高尾張邑有土蜘蛛其為人也身短而手足長與侏儒相類」（以下略）とあり、その昔、そうした者が住んでいたものか。どこかにその伝聞の古い依り処があるだろう。

近年ロシア人が来て（※注：一七八五年）住むようになって土を掘って家を作るようになったが、ロシアは北海道にも近いので昔も渡ってきて住居したのをこのように誤って伝えたものか。

いまだに五色の彩さえしらないアイヌなれば、ましてやその昔に文（入れ墨）をすることを知ることはないだろうから、この神の夫人がみな手に入れ墨をしているのを珍しく思って移し習ったものだろう。

またコッチヤカモイの旧跡を掘ると、割れた黒曜石（十勝石）や石弩・雷斧などの類やそのほか何に使ったか分からないようなものが種々でることがある。

シヤモコタン（現在の根室市内）の酋長ノチクサという者が言うには、コッチヤカモイの頃は刃物がなかったのであるから、この黒曜石をもって何でも切っていたのだ、と。
※注：1．ロシア人イエルマークがウラル山脈を越えたのは一五七四年。
2．雷斧　当時はこうした石器を雷が使用していたという伝説による。
我が国の入れ墨に関する最も古い記載は『古事記』に見えます。大物主神《おおものぬしの》神の娘伊須氣余理比賣《いすきよりひめ》に神武天皇の命を受けて使いした、「大久米命の黥《さ》ける利目《と》を見て……」とあります。参考までに講談社学術文庫の解説を紹介します。

久米氏が繁栄したのは四世紀ごろで、…もともと西南地方の隼人と系の出身であったろうといわれている。クメという名は、「肥人《くまひと》」「熊襲《くまそ》」のクマであり、隼人系の人々は海人系の海の民であった、……「黥」は目の周辺に入墨すること。南方系の習俗であるらしい。

『日本書紀』景行天皇二十七年の条下にも入墨に関する記載があります。

春二月《きさらぎ》の辛丑《かのとうし》の朔《ついたち》壬子《みずのえねのひ》に、武内宿禰《たけうちすくね》、東國《あづまのくに》より還《かえり》て奏《まう》して言《まう》さく、東《あづま》の夷《ひな》の中に日高見國《ひたかみのくに》其《そ》の國《こく》の人、男女《おのこめのこ》並《ならび》に椎結《かみをわけ》け身を文《もどろけ》けて爲人《ひととなり》勇《いさ》み悍《こは》し。是《これ》を総《す》べて蝦夷《えみし》と曰《い》ふ。

第十二代景行天皇は垂仁天皇の後を受けた天皇なので、三～四世紀以後の出来事と推定できます。簡単に説明すると、武内宿禰《たけうちすくね》が東国から還って天皇に申し上げるには、東の日高見国（古語では〝ひ〟と〝き〟が区別されないことがあり現在の北上地方という）の人々は、男女共に椎結（髪を頭上でドングリのように束ねること）して入れ墨をしており、みな勇ましいくこれを総称して蝦夷《えみし》といいます。

読者の中には〝エミシ＝アイヌ〟だと勘違いしている方があと思いますので少し解説します。〝夷（イ、えびす）〟という文字は支那の歴史では夷狄（東夷・西戎・南蛮・北狄）という中原を囲む四つの異民族に当てられた文字です。東夷は東に住む異民族で『論語』に「子、九夷《い》に居らんと欲す。或《あ》るひと曰《いわ》く、陋《いや》しきこと之《これ》を如何《いかん》せん。子の曰《のたま》わく、君子之《これ》に居《お》らば、何の陋《いや》しきことか之れ有らん（先生が言われた、東の異民族の地に行って暮らそう。ある人が、田舎は陋しくてとても住めませんよ。すると先生は答えた、君子がそこに住めば、どうして陋などということがあろうか）」とあるように、当時九つの異民族がいたとされていました。その八番目が倭（日本）です。そこで大和朝廷もこれにならって、東方の従わない人々に〝夷〟の言葉を当ててすべてまとめて〝蝦夷（エミシ）〟と表記しました。〝蝦夷（エゾ）〟は江戸時代に入ってから松前藩が和人が多く住む〝和人地〟に対してそれ以外を〝エゾ地〟に〝蝦夷〟の文字を当てたことに始まります。

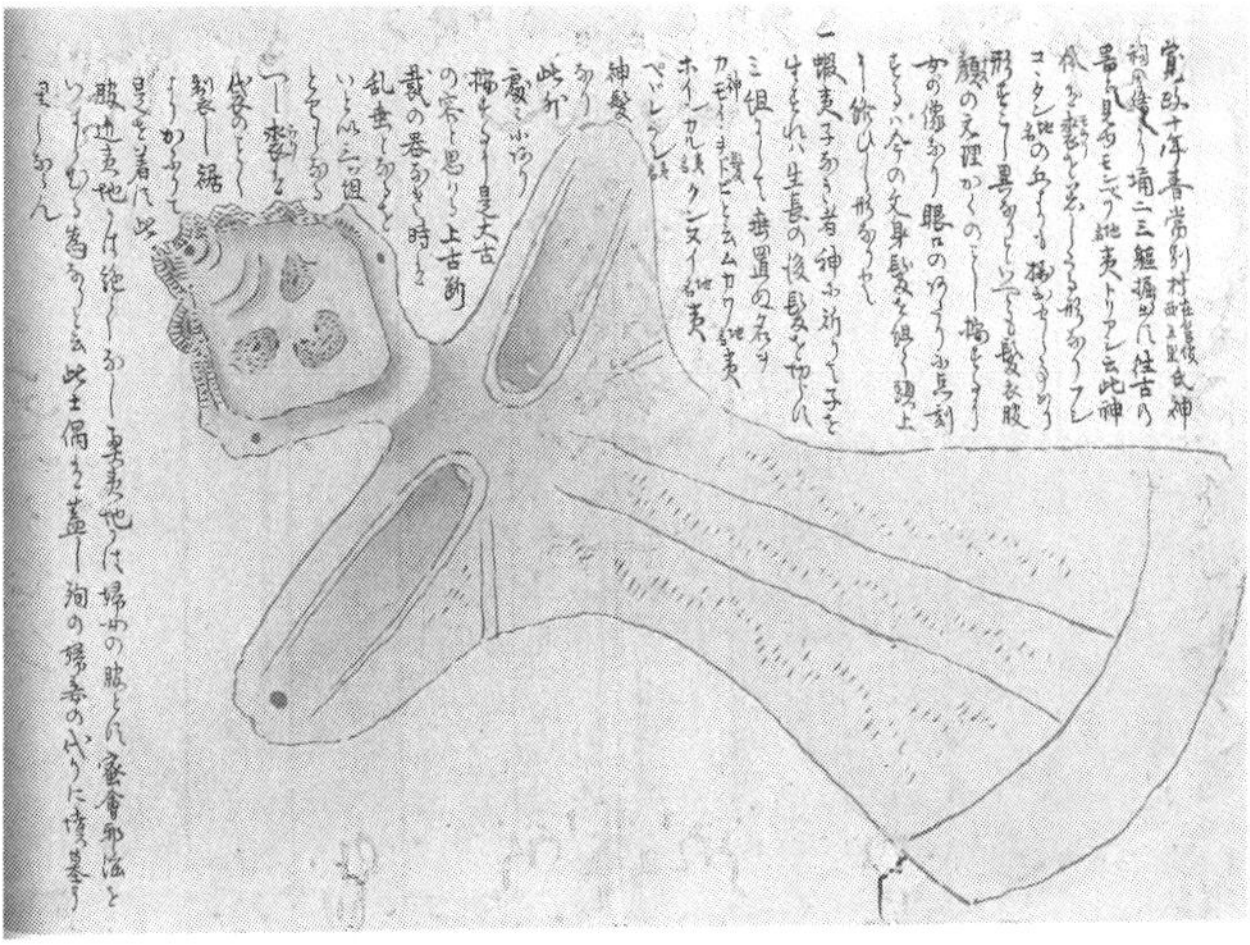

資料15　土偶『蝦夷島奇観』

閑話休題。『蝦夷島奇観』に見える土偶について関連部分を現代文に直して紹介します（資料15）。

寛政十（一七九八）年の春に当別村（函館の西約二十㎞）の氏神の祠の傍らから人形が二三体掘り出された。昔の焼き物とみられる。現在の日高町門別のトリアシという者が言うには、この神は裘《かわごろも》を来た形である。フシココタンの丘よりも出たことがある。形は少し異なるが髪や衣服、入れ墨はみな同じようだ。女の像で目や口に入墨がある。髪は頭上で結っている。

発見された経緯が明らかでないために、年代は特定できませんが、目元や口の周りに入れ墨をする集団がすでに函館近辺に住んでいたこと、そして髪を頭上で結っていたことがわかります。『古事記』『日本書紀』の記載を考え合わせると、続縄文時代前後のものだと考えられ、このころすでに東国の人たち蝦夷（エミシ）と同じような習慣を持つ集団が北海道に住んでいたことになります。ちなみにアイヌは髪を頭上で結うことはないので明らかにアイヌとは異なる文化集団です。

このような資料を基に考えると、このコッチヤカモイは外ならぬ擦文文化人と推定してほぼ間違いないと思われます。擦文文化後期に渡来したアイヌに当初は食物などを与えて交易していましたが、移住してきたアイヌ勢力が大きくなると、擦文文化人の男たちは皆殺しもしくは追いやられたり奴隷にされたりし、アイヌ女に比べて美しいと感じられた女の一部のみがアイヌの中で生存を許され、その文化が取り込まれたのでしょう。本文にある土舍（竪穴住居)、焼き物、黒曜石などの文化は縄文期から北海道に伝わるものであることもこれを裏付けるものです。

DNA分析から明らかになったアイヌの渡来時期

ミトコンドリアDNAの分析の第一人者は国立科学博物館副館長の篠田謙一氏です。氏のこの問題に関する著作や論文で、自分も含めた素人に比較的わかりやすいのは、『日本人になった祖先たち』(NHKブックス)と、『縄文人はどこからきたか?』(北の縄文文化を発信する会編)に掲載されている特別講義〝縄文人はどこからきたか?――DNA研究で見えてきた日本人の成り立ち〟などがあります。

篠田先生の著書から引用した図を見てもらいましょう。(資料16)

ミトコンドリアDNAのハプログループYは北海道の縄文—続縄文時代には存在せずオホーツク文化人によって持ち込まれ、アイヌに受け継がれたことが明らかです。しかもこのハプログループYは沖縄人にはほぼ存在しないのです。(資料17)

平成二十九(二〇一七)年六月七日の北海道新聞記事で篠田先生ははっきりと、「DNA分析により近世のアイヌ民族が、ロシア沿岸地方にルーツを持つオホーツク文化人から影響を受け、シベリアの先住民族とも遺伝的関係があることが分かりました」と述べて、記事の

図13　北海道集団のDNA頻度の変遷

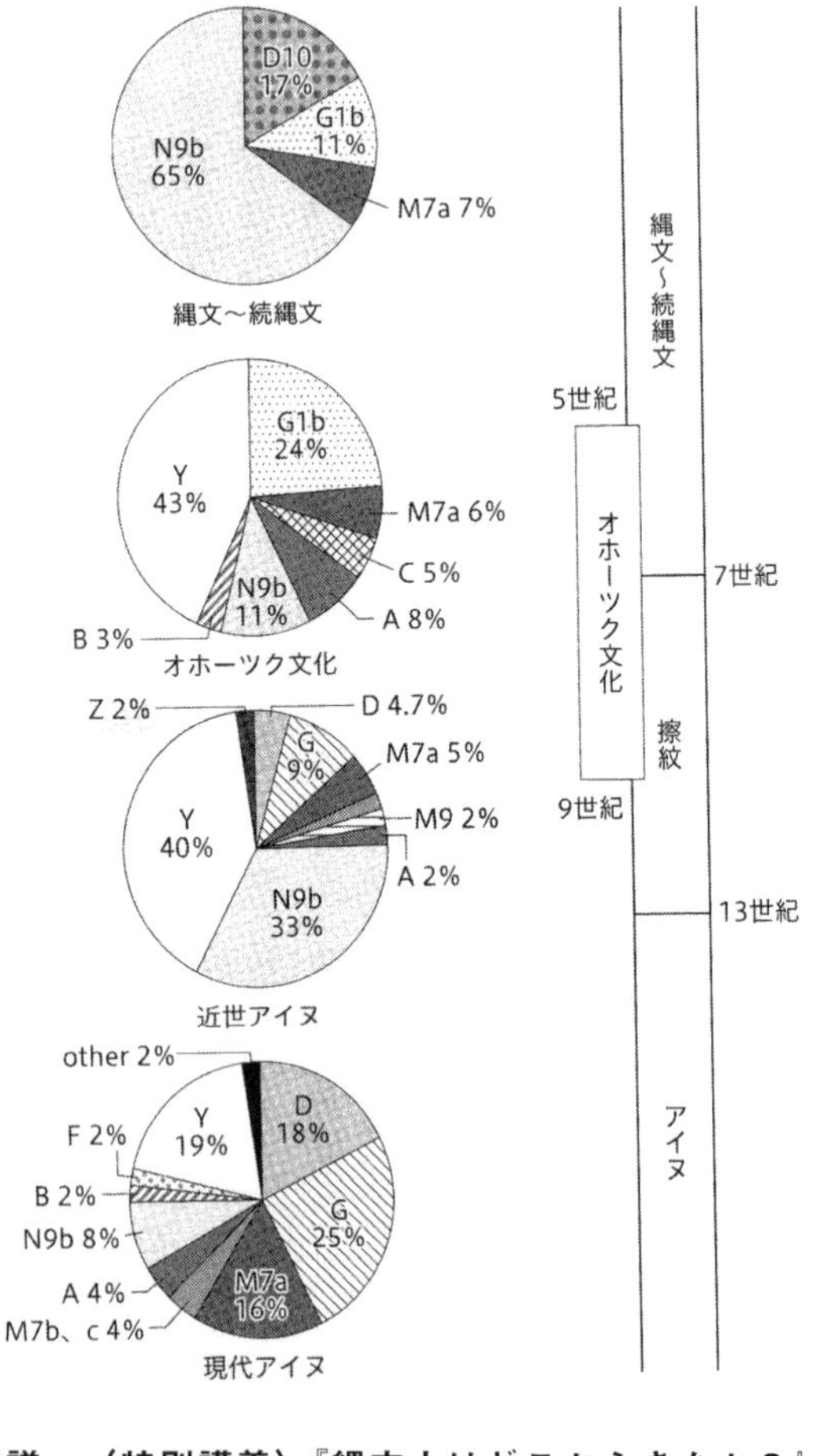

資料16　篠田謙一（特別講義）『縄文人はどこからきたか？』（北の縄文文化を発信する会編）

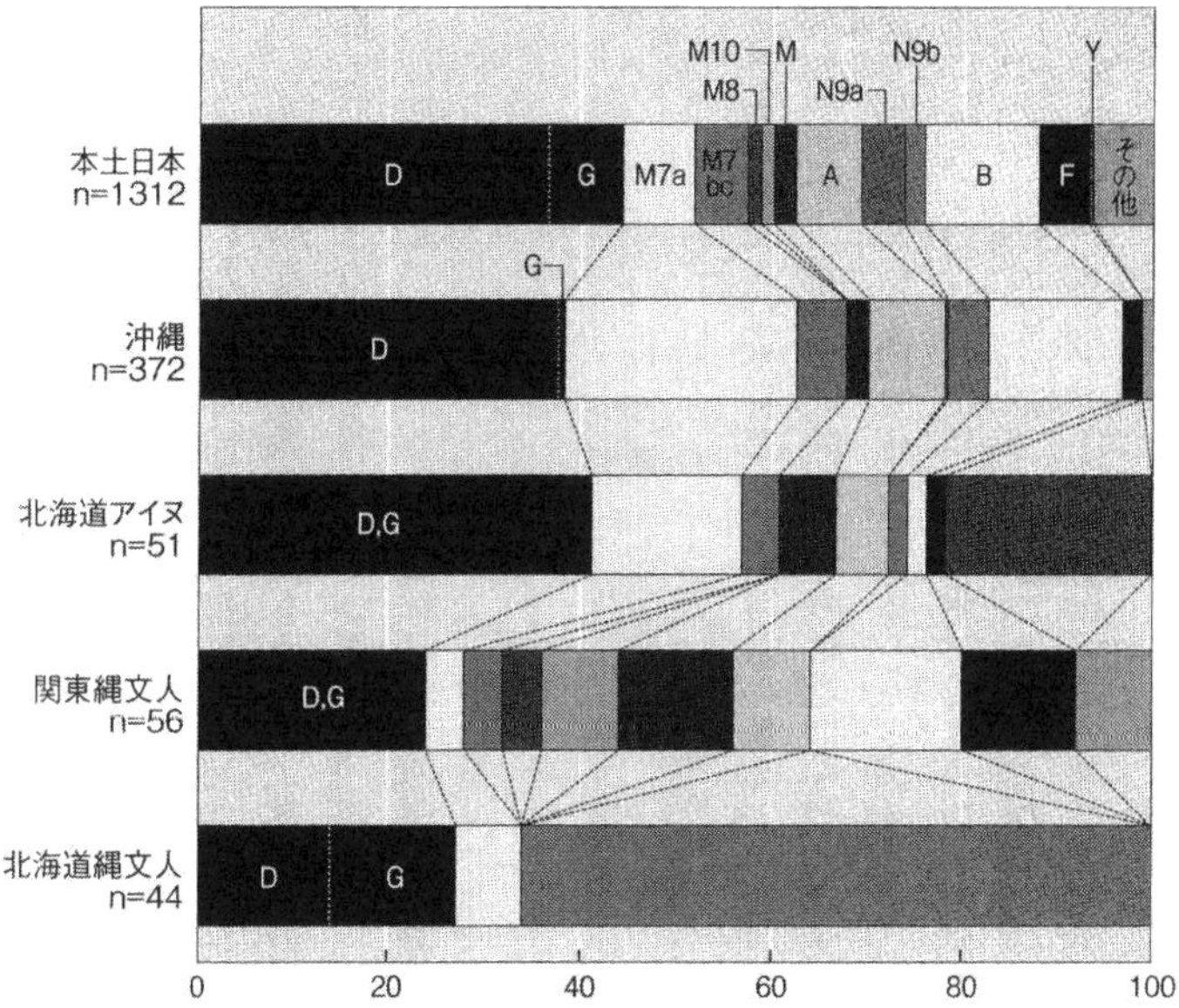

図8-2　現代日本人3集団（本土日本人、沖縄、北海道アイヌ）と縄文人のハプログループ頻度の比較

古人骨ではD-ループの塩基配列からハプログループを推定している個体があるが、その場合はハプログループDとGは区別がつかないので、両者を一括して取り扱っている。

資料17　篠田謙一『日本人になった祖先たち』（ＮＨＫブックス）

中で〝二重構造説〟についても、ことアイヌに関するかぎりこれをキッパリと否定しています。つまりアイヌはミトコンドリアＤＮＡの分析からは縄文人の子孫ではないということなのです。

これに対して五年ほど前から体細胞ＤＮＡ特にＹ染色体ＤＮＡ分析結果からアイヌこそが最も縄文人に近い、日本の先住民族だという議論が、論文をはじめ、雑誌や新聞記事を賑わしました。私は『科学的〝アイヌ先住民族〟否定論』において次のような理由をあげてアイヌ縄文人直系説を否定しました。

＊ミトコンドリアＤＮＡの運搬者が女性であることで、男から男へ受け継がれるＹ染色体ＤＮＡの分布や、男がそのほぼ半分の運搬をになう体細胞核ＤＮＡほどに社会制度を含む権力や闘争の影響をうけないこと、多くのＤＮＡ資料に事欠かないことなどによって非常に信頼度が高い。

＊江戸初期のゴールドラッシュに八万人の男（多くが被差別部落民や無宿者）たちが本州から渡道し、当時のアイヌ人口は多く見積もっても二万人程度だった。

＊江戸期のアイヌは和人の男を積極的に受け入れた。

＊酋長が多くの妾を独占していたので、酋長一族に入り込んだ被差別部落民（縄文系が多いとされている）のＹ染色体が拡散される。

＊明治初期になって大量の男たち（多くが被差別部落民）が渡道した。

＊アイヌは和人の子供を高額で買い取っていた。和人を買い取れるのは豊かな酋長およびその一族なので和人の養子が多くの妾を持ちさらに縄文系のＤＮＡが拡散された。

以上に加えて何よりも、比較に使われたサンプルが一九八〇年代に採取されたものであり、先に挙げた状況のもとで全くあてにならないという結論を私が出したところ、ＤＮＡ分析による〝アイヌ縄文人直系説〟はその後影を潜めました。詳しくは拙著『科学的〝アイヌ先住民族〟否定論』を参考にしてください。

私が同書を出した後、ＳＮＳ上で多くの批判を浴びましたが、丁寧に反論したことは以前にも述べたとおりです。そしてついにウポポイにある国立アイヌ民族博物館（現在アソシエイト・フェローのマーク・ウィンチェスター）などは不都合なデータを出した篠田先生に対して、先生が北海道新聞のインタビューに応えた記事を掲載してTwitterで八つ当たりまでしたことはすでに述べました。

以上を総合して考えると次のような状況が確認されます。

＊アイヌが来る以前に北海道には本州と交易で文化的に結びついた擦文文化人が広く分布していた。

＊アイヌは波状的に、樺太・千島のオホーツク文化人を滅ぼしながら北海道へ上陸し、擦文文化人を征服しながら勢力を拡大した。

＊アイヌの主に男によって伝えられる文化（葬制・墓制・祭祀・刑罰）は大陸様式である。

＊女によって伝えられる文化である文様（江別市郷土資料館展示参照）や入れ墨、手を熱湯に入れて証言の虚偽を判断する裁判（『日本書紀』『蝦夷島奇観』参照）は本州および擦文文化人の影響が強い。

＊その間も北海道南部には本州から渡った人々と擦文文化人の子孫（渡党）が住んでいた。

つまり、アイヌは北海道を侵略し、先住民である擦文文化人の伝統文化を奪った部族集団だったのです。

あとがき

読者の皆さんの周りにも、アイヌ問題だけではなく、差別や被害それによる自身の不幸をことさら騒ぎ立て同情を迫り自らに注目を集めようとする人がいるはずです。また少し視野を広げると、集団レベルそして国家レベルでもそうした現象は目につきます。

そのような個人や集団にどのように対処したらよいか、アルフレッド・アドラー（一八七〇―一九三七）の提言はとても参考になります。

それは〝勇気づけ（Encouragement）〟と言われるものです。苦しんでいる本人が困難を解決するために自ら行動するように仕向けることです。安易な同情や金銭的援助さらには社会的優遇によって相手を満足させることではありません。

アイヌ政策に限ったことではありませんが、〝自分たちは差別されて苦しんでいる〟と声高に叫ぶ人たちが日本国内でも増えてきました。こうした人たちへ同情・金銭・社会的優遇を与えても問題は解決しないとアドラーは主張します。むしろそれは〝差別自慢〟〝不幸自慢〟〝被害自慢〟を助長して、周囲から見ると過保護すぎる状態であっても、彼らの意識としては保護を受けているという劣等感が加わって、そのプライドが傷つき苦悩は深まるばかりなのです。

劣等感は向上心の裏返しであることが多いのですが、安易な同情・援助が彼らから向上への努力を奪い、差別自慢・不幸自慢・被害自慢という歪んだ優越感へと駆り立てるのです。
自分たちに備わった身体的・知的能力も特に優れているわけではない。文化的には周囲に比べるとむしろ見劣りがする。努力を回避しながら、しかもこの現実を優越感に変えるには差別、不幸、被害を声高に叫んで周囲を沈黙させ、場合によっては〝困難を解決するために自ら行動するように仕向ける〟人々を差別主義者だと罵り、言論を封殺して相手を支配しようとするのです。

本文でも取り上げましたが、〝アイヌを嫌い、アイヌを差別したのはアイヌ自身であり、金に釣られてアイヌを貶めたのもアイヌ自身〟だという現実を受け入れられず、他者への貢献もできないことが劣等感の根源なのです。その劣等感の裏返しが平成三十一（二〇一九）年四月に制定されたアイヌ新法の正式名称**〝アイヌの人々の誇りが尊重される社会を実現するための施策の推進に関する法律〟**です。

法律や政策によって特定の人たちに**誇り**を持たせ、周囲からの**尊重**をうけさせることなどできるでしょうか。この法律によって「アイヌの人々」から誇りを持つべく努力し身を慎む謙虚さすら奪い去り、周囲からの尊重どころかさらなる**軽蔑**を招くことになるでしょう。

行政がこうした〝差別自慢〟や〝不幸自慢〟〝被害自慢〟を推奨するのを見ていて、アイヌ団体に所属する人たちの子弟だけではなく普通に暮らしている子供たちにどういう影響が及ぶのかを考えたことがあるのでしょうか。

最近、子供や若者ばかりではなくいい年をした大人の引きこもりが問題になっていますが、その大きな原因の一つがこの〝不幸自慢〟に対する、家族や学校、友人や周囲の人たちによる肯定（心配・同情・気遣いによる助言の抑制）なのです。

アイヌ団体はウポポイを足掛かりに全道に、そして全国に〝アイヌ特区〟を作ろうとしているようにも思われますが、これはアイヌの〝不幸自慢〟を肯定したためにアイヌ団体の〝引きこもり〟を誘発したことに他ならないと思います。

〝不幸自慢〟〝差別自慢〟〝被害自慢〟からは何の新しい価値も生まれません。それが恥ずべきことであることは、修学旅行でウポポイを訪れた中学生にも見透かされているのです。

令和二年十月吉日

的場光昭

的場光昭（まとば　みつあき）

昭和 29（1954）年、北海道上川郡愛別町生まれ。北海道大学経済学部中退。旭川医科大学卒。日本ペインクリニック学界専門医。医療法人健光会旭川ペインクリニック病院理事長。長年にわたり地元誌『北海道経済』巻末コラム執筆、西部邁事務所発刊の『北の発言』の協力執筆者、全国誌では『発言者』、『正論』などに投稿原稿が掲載されるなど、日常診療のかたわら執筆活動を続けている。
著書に『「アイヌ先住民族」その真実』『自殺するのがアホらしくなる本』『改訂増補版　アイヌ先住民族、その不都合な真実 20』『アイヌ民族って本当にいるの？』『反日石碑テロとの闘い』『アイヌ副読本「アイヌ民族：歴史と現在」を斬る』（いずれも展転社）『科学的〝アイヌ先住民族〟否定論』（的場光昭事務所）がある。

捏造と反日の館〝ウポポイ〟を斬る

令和三年一月七日　第一刷発行

著　者　的場　光昭
発行人　荒岩　宏奨
発　行　展　転　社

〒101-0051　東京都千代田区神田神保町2-46-402
TEL　〇三（五三一四）九四七〇
FAX　〇三（五三一四）九四八〇
振替〇〇一四〇―六―七九九九二
印刷製本　中央精版印刷

定価［本体＋税］はカバーに表示してあります。
ISBN978-4-88656-518-1